媽寶心理學

辨識、理解、馴服或放生？

王家齊 心理師——著

Contents 目錄

前言

Chapter 1 到底誰是媽寶男？

媽寶男分類圖鑑

世界上，為何有渣男？ 103

To Be or Not to Be? 要分手還是忍受？ 157

Chapter 5

Chapter
6

Chapter 7

結語

專文推薦
1

一本寫給女人、也寫給男人的關係探討書

文／許乃文　臨床心理師、覓汨心理治療所創辦人

這是一本會令心理師讀著感到妙語如珠、生動無比的好書；更是一本心理治療個案會想要拍著大腿叫絕的妙書。

家齊心理師使用著極爲口語、甚至是我們每個人內在心中暗黑的小話語，拆解男人與女人關係間的千古難題，將看似兩人一線的關係，擴大至製造出男人女人的原產地，意即，原生家庭動力網對於個體在關係中的影響。於是，戀愛與婚姻關係不再是兩人一線，關係變得複雜而立體了。只要在親密關係中（不管你怎麼定義、或是迴避關係的標籤），再怎麼天眞地想「單純」、「我只是想……」去處理或是忽略相處中的張力，看來只會徒勞無功地再次掉入類似的關係漩渦中。

在關係漩渦裡，只要有關係，沒有人是局外人。只有假裝站在局外的人。

「媽寶男」並非華人文化專屬，記得有次在巴黎蒙馬特區閒逛時，被一位同是獨身（現在回想實在是需要打一個大大的問號）旅行遊蕩的義大利男子搭訕，實在是對他沒興趣懶得理，我用一種「你走你的陽關道、我走我的獨木橋」的態度應對，然而不管我走到哪，他就跟到哪！妙的是，沿路他邊想跟我交談（以表達他的慾望），卻每三分鐘就接一次遠在義大利家鄉媽媽的電話（我敢保證他跟媽媽講的話絕對比對我講的還多），然後還需要在轉換身分時裝作自然以免露出馬腳，彷彿跟著我時沒有媽媽、講電話時身旁也沒有我這個他有興趣的女子，簡直又暖心（當個媽媽的寶貝）、又分裂（當個稱職的風流搭訕者），完全符合家齊提到的，又「孝」又「順」，分裂的程度荒唐至極，實在令人難以想像他後來的關係可以多麼精（悲）彩（劇）。

我們可以窺探整個歷史文化洪流中，集體潛意識對於男人的陽屬性、女人的陰屬性以及與其交織出來的功能屬性期待，影響甚巨。但，人心是肉做的呀！我們渴望歸屬、連結、安全，那意味著需要敞開融合，但面對關係的我們也準備好去迎向已知或未知的彆扭了嗎？衝突與掙扎因應而生。

關係中的男人很難；女人也很難。

若你眞心想投入並擁抱關係，這並非是認眞就輸了，這代表著你將有更好的勝算去迎向（或是腹黑點叫做「拿捏」）你決定投入的關係，即便不爲了現階段的關係，也爲了下一段更好的關係，如實地探索、正視立體化的雙方關係，然後，「選擇」在己，而這便是面對困頓關係中最重要的轉捩點。

這是本寫給女人、也寫給男人的好書。

祝福每位善男信女都能感到詼諧、吵吵鬧鬧、甜甜蜜蜜的看完，該吵架的吵一吵、該磨合的磨一磨，而該離開的也就瀟灑別回頭；甘願、不後悔，享受屬於自己的幸福。

專文推薦2

精采絕倫、欲罷不能

文／陳品皓　米露谷心理治療體系策略長

當家齊心理師邀請我爲他的新書撰寫推薦序時，我正因爲事務繁忙，心中擔心來不及安排，正在猶豫時，收到了新書的草稿。我當下計畫用幾分鐘的時間，先大致掌握一下新書的大綱編排主題和邏輯，快速瀏覽每章的重點，剩下的細節再慢慢利用時間消化。

當我一翻開新書草稿的目錄之後，直到就寢前，我就再沒離開過電腦前的螢幕，一頭栽進這本《媽寶心理學》的世界裡。我原本以爲這本書單純是一本結合專業理論、作者臨床經驗下，四平八穩的正規著作，結果完全不是這麼一回事。這大概是我近幾年來，在親密關係的相關著作裡，看過最引人入勝、大呼過癮又收穫滿滿的一本書。

閱讀過程中，我的大腦不時被書中許多新穎且透徹的觀點頻頻敲擊，同時還在作者精準又深入的文字描述當中，捕捉到許多關係中幽冥隱微的細節，並在超越知識框架的多重維度與視角下，重新得到了對親密關係的理解。「我的天！原來是這麼一回事！我終於在過去的迷惘中得到解答了！」「天呀，家齊怎麼能有這麼驚人的洞見，把我們關係中習以爲常但不明所以的種種，給出了這麼透測的理解」「家齊心理師到底是爲什麼這麼厲害!?」、「這麼啓發性的觀點，到底家齊心理師是怎麼想出來的？」我在閱讀時，腦海幾乎不斷都是這些念頭此起彼落的閃過。

我實在是打從心裡喜歡家齊的這本《媽寶心理學》。書名取得直接明瞭，內容更是精彩絕倫。家齊以他淵博又細膩的知識背景、佐以對人性的敏銳覺察和洞悉，在豐富的諮商經驗呼應下，把親密關係中的男女、媽寶男的內心世界、養成過程中的家庭故事寫得鞭辟入裡；而我看得不斷嘖嘖稱奇。

本書把關係中種種的脈絡跟動力說得既有趣又具啓發性。不僅說清楚了媽寶男的心理世界，也讓我們在面對親密關係中的現象與疑惑時，都突然有了深刻的理解和明白。我打定主意，在這本書出版後，我要買給我們團隊所有夥伴人手一本。不論是治療師們的專業精進或自我成長，《媽寶心理學》都是我的必列書單之一。

專文推薦 3

篇篇直擊心臟的兩性心理書

文／謝文憲　企業講師、作家、主持人

出版後，我一定至少買兩本，兩個兒子，一人一本。

看完全書稿，我有三個驚人發現：

1. 超過四分之三的文章標題，都是用問句開頭，每篇都直擊心臟，這些道理，每個男生都該懂，尤其是我，三十年前就該懂，但現在也不遲。

2. 大多文章都有案例或故事當基礎，證明家齊的在專業領域的底蘊和實力，無庸置疑。

3. 我在寫作課上與家齊相遇，套句台語俗諺：「黑罐子裝醬油」，我見證家齊的幽默感與寫作力，簡直是塊璞玉。

或許您會問：職場與商管專家如我，真的懂得媽寶心理學的適用性與重要性嗎？我有資格推薦本書嗎？

別忘了，我也是男人，我也年輕過，那些相愛相殺、愛恨情仇我也經歷過，只是這一本太晚出了，

你現在看，絕對不遲，無論處在何種階段的男生、女生，都會愛看，都有幫助。

作者序

拿起這本書的你，需要先知道的事

「語心第一次興起放生男友的念頭，是發現他開口閉口，都是另一個女人之後……」情況緊急，我就不多廢話了。

我想，會拿起這本書，還翻開來讀的你，想必猜得到：語心男友口中的「女人」有兩種：閉口不談的女人，是外頭的小三；老是掛在嘴邊的女人，則是他的媽媽。沒錯，語心的男友，正是個媽寶男。

不過，如果你也有個開口閉口都是另一個女人的男友，或許你也曾經困惑：究竟是我太敏感了？太小心眼了？把男友的「孝順」，錯怪成「媽寶」？還是，男友眞的很奸詐，戀愛的甜言蜜語，全是一場騙局？

也許，在你內心的角落，甚至有過自我質疑：爲什麼我總是碰到這種男人？眞的只是我的戀愛運差嗎？（唐國師請救我！）或者，我是否也在一段感情中，犯了什麼錯？這本書，就是來回答這些問題的（希望在這篇「序」，就能先解答個八成）。我們趕緊開始吧。

前言

男人的四象限(關係線、慾望線)

愛情，就像是一塊草莓蛋糕。

草莓蛋糕是由甜美而罪惡的奶油、鬆軟可口的蛋糕體，以及上頭畫龍點睛的草莓所組成。

愛情這塊蛋糕的內餡是：慾望＋關係。慾望像是奶油，關係則是蛋糕體。一個令人心癢，一個令人心安。承諾則是上頭的草莓。沒了草莓，蛋糕依然是蛋糕，但就不是草莓蛋糕了。

絕大多數的愛情問題，乍看像是「草莓問題」，也就是「他到底願不願意承認我、給我名份？」其實，常常是草莓底下的奶油與蛋糕體，出了問題。

「他這樣說，到底是什麼意思？」「我跟他的關係能否走下去？」「男人爲什麼見一個愛一個？」這些在心理諮商中常見的問題，多半是從「他爲何不給我承諾」開始問起，最終結束在「慾望」與「關係」的矛盾兩難。

畢竟，如果一塊蛋糕的奶油臭酸了，蛋糕體塌陷了。就算上頭擺了顆紅通通的草莓，又怎麼能入口呢？接下來，我會分別就男人的「慾望」與「關係」兩個向度，探討親密關係常見的困難。

首先，請見這張2×2的男人象限圖。垂直線指的是「慾望」，水平線則是「關係」。

在慾望線中，高慾望的男人被稱爲「肉食男」，低慾望的男人則被稱爲「草食男」。

肉食男的特色是「鬆」但「浮」。他們多半願意展露自己的慾望，對於搭訕女性、表

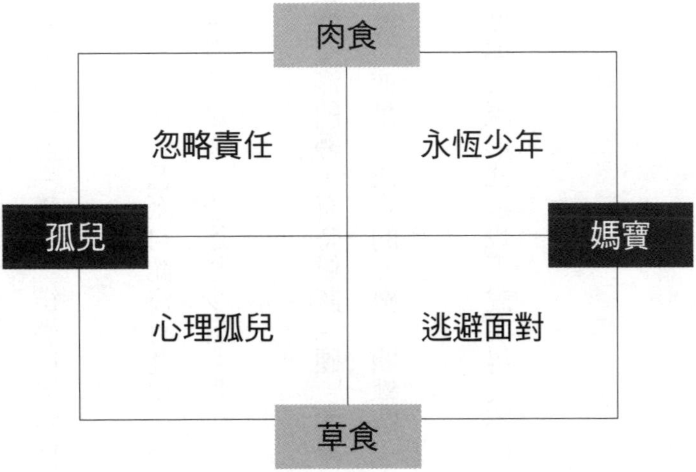

達好感、應對進退，多半顯得自在放鬆。不過，有時候肉食男的慾望橫流、難以控制，便會態度輕浮，不重承諾，成了大家口中的「渣男」。「渣男」彷彿情場的獵人，只要有對象就想狩獵。

草食男的特色是「忠」但「纏」。他們看似慾望不高，甚至自認沒有性慾，因此多半跟女性以好友、室友的身分共處。進入親密關係之後，也比較少有「見一個愛一個」的現象。

然而，過度壓抑慾望的草食男，因爲內心世界充滿糾纏，有時候該「硬」的時候硬不了。不管那是性愛時的勃起、衝突時的表達、或是做決定的氣勢，關鍵時一旦「軟」掉，也會讓另一半感到苦惱。

其實，慾望是一條連續不斷的線，有各種強度與表現形式。以下說明男人不同層次的慾望，分別會有什麼樣的特色。

慾望線：世界上為什麼會有渣男？

一、「外遇成癮」——他有病嗎？可以治好嗎？

外遇成癮，是一種精神疾病嗎？

簡單來說，所謂的「病」是當事人會覺得痛苦，而且有「藥」可醫。像是Covid-19 會讓人咳嗽、燒聲、喪失味覺，這些痛苦會影響我們的身心健康、精神狀況與日常生活。同時，Covid-19 是有藥可吃的，有些藥是短期減緩不適，有些藥則是長期調養身心。

外遇的人，不苦。目前也沒有藥可以治外遇。所以外遇不是一種病，而是一種癖好。不過，會冒出「他是不是有病？」的想法，可能是基於以下兩點：

1. 當你抓包他偷吃，對方試圖挽回時，他看起來很痛苦。又是跪啊、哭啊、道歉啊、打自己耳光什麼的……看起來很苦（其實是戲劇化）。

2. 對方承諾不再犯錯，從今以後洗心革面，甚至誠意十足地交出手機，每天照三餐回報行蹤。沒過多久，卻又再犯……看起來有病（其實是很失控）。

又戲劇化又失控，不見得是生病。當一個人的癖好成了癮，就會出現以下這句經典台詞：「我很抱歉我犯了錯，但我也不知道自己怎麼了。」

那麼，「外遇成癮」可以治好嗎？

這些年，心理學對成癮的看法，慢慢從失控、不受教等「需要管束」的惡習，轉變爲：成癮是「缺乏連結」與「理性支持」而有的匱乏反應。不過，如果你問的是：「**真愛能否成為對方的解藥？**」**我還是會告訴你，先不要**。

成癮是缺乏連結沒錯，但不代表：你就是他恢復連結的解藥。我阻止你這樣想，不是要貶低愛情的價值，是不要你掉入了「拯救者與受害者」的鬼打牆中。一旦有了「我要拯救他的人生」這樣的想法，就很容易變成「我要控制他的人生（或被他的人生控制）」。

二、「多重伴侶」——對伴侶不滿卻不分開，現代人為何如此貪心？

人的確是貪心的。不過，貪心也是因爲我們對關係的要求越來越高，也越來越細緻。

進到日本料理店，你可以點一碗一百元左右的親子丼，吃飽就好。如果想省錢，還可以跑去平價店點八十元的，可能飯添多一點，雞肉跟蛋給少一點，要吃個粗飽，倒也沒問題。

然而，當吃飽已經不成問題，人就想追求更精緻的享受。像是豬排定食、炙燒鮭魚或是頂級生魚片。親密關係，也是類似的道理。當我們對關係的要求越來越多也越來越高，就很難有一段關係可以滿足全部的需求。

除了忠誠，還要用心。

又要霸氣，又要溫柔。

除了溫良，還要狂野。

又要節儉，又要有品味……

於是有些人的「多重伴侶」癖好，就像是一種默默形成的分工。找一位母性的女孩生活，又與一位野性的女孩快活。或是反過來：渴望高冷總裁，只對自己動心。

比較成熟的親密關係，是要能夠發現並承認，沒有「百分百情人」這回事。

女孩愛情幻想的一百分，只存在於韓劇。男孩情色妄想的一百分，只出現在A片。如果因爲那少掉的分數，就去找下一個人滿足，常會掉入「希望—失望」的無限輪迴中。

也有人從「開放式關係」的角度思考，一夫一妻制是否限制了我們的想像？不過，這邊我要提醒的是：開放式關係重視透明的對話、雙方的討論與知情同意。如果對方的「開放」是躲躲藏藏，被抓包了才提議開放式關係，這叫「藉口」。假如對方跟你談「關係」，卻只顧自己發表高見，強調這才是進步思維，那叫「說服」。

三、「渴望雄風」——為什麼有了我，他還要跟別人搞曖昧、打情罵俏？

說到「渣男」，你會想到什麼？

我念大學的時候，身邊那些不幸遇到渣男的女同學，常會用「那個」或「髒東西」代稱。原本我不太懂她們爲何要避免直呼其名，直到後來看了《哈利波特》，才知道：啊，那是不能說的佛地魔！

這幾年，我上網查了一下，發現多了幾個流行語：甘蔗男、海王、中央空調。

「甘蔗男」最好懂，是個生動的比喻。剛嚼的時候，很甜，嚼久了乏味了，就變成渣。

「海王」這詞很新，也很有畫面感，說的是「對象」很多的渣男，海中魚蝦皆爲他的後宮。

「中央空調」講的是到處送暖。每個房間都是他的守備範圍，暖氣送著送著，就送到了床上。

這裡，我們可以整理出「渣男」的三個特色：

1. **守備範圍廣**，意思是「渣男」並不專一。他們對於不同對象，保持同樣的興趣。爲什麼有了另一半，還是要維持守備範圍呢？除了上一段提到的「貪心」以外，還有一個原因，是對「自信」的渴求。不管男人或女人，天性會想要確認自己是不是「好」的。這個好，可能是有能力、有魅力，會被尊敬或是被喜歡。有些人的打情罵俏，不見得是眞要找人打砲，而是想要確認自己如果「出手」，還有沒有人喜歡他。

2. **渴望權力強**，指的是「渣男」喜歡征服感。也就是透過性愛與調情，得到自信。不過，過度追求自信的人，通常也很容易自卑。因此，渣男的問題不在於從愛情與性得到自信，而是透過情場狩獵，不斷鞏固身爲「獵人」的自信，藉此掩飾關係平淡後浮現的自卑。

3. **不把人當人**，是渣男的金字標記。這點，常弄得女生很亂。見面時，渣男無微不至、溫柔貼心又幽默，簡直把對方捧上了天。然而渣男也會一轉身就翻臉不認人，原本甜得要命的戀情，瞬間變成了食之無味、棄之可惜的爛戲。

這，是因爲渣男冷血無情嗎？這麼說似乎也不對。畢竟，戀愛中的那些甜，不見得全是裝的。那是怎麼一回事呢？如果從「渴望雄風」的觀點來看，渣男的致命傷是「難忍平淡」。因爲平淡意味著激情感少了、生活感多了，需要更多的磨合而不是追求。

在這個階段，代表激情感的「獵人獵物」遊戲逐漸退場（但又不能完全消失，這個道理我們會在「迴避衝突」多講一點），代表生活感的「農耕生活」取而代之，獵人要開始學找一塊地，學會看天吃飯，學習用心等待。也就是，學著怎麼當農夫。

許多渣男，就是在這個「獵人—農夫」的循環中鬼打牆。當關係快要定下來，往農耕的方向移動，就立刻翻臉不認人，繼續找下一個獵場。這無情，讓他們成了女孩眼中的佛地魔！

四、「迴避衝突」——為何好好吵架，才能好好做愛？

有些渣男的「渣」，並非精蟲衝腦。

如同前述的「中央空調」。他們可能有交往中的女友，同時擁有不少紅粉知己。爲什麼男人需要紅粉知己呢？除了前述的貪心、自信以外，還有一個原因是：迴避伴侶吵架帶來的緊張感。

典型的伴侶吵架，是我稱之爲「鬼抓人」的「一追一逃」模式。意思是：其中一方透過指責「你爲什麼沒有做到……」「你明明答應過我了……」「你就是都不用心……」來追打另一方。

被追打的這一方，則通常會討好「好啦我知道錯了……」「那我下次會改……」「拜託原諒我……」，甚至下跪、自責、打自己，用戲劇化的手段，傳達「我已經很慘了，請不要再罵我了」的訊息。

這「遊戲」會結束在哪呢？通常，會停在一個反轉點。因爲不是第一次這樣吵了。追的人通常不想放過逃的人：「你又來了……」「你每次都說好好好……」「結果你還不是……」，於是逃的人沒了藉口、無處可躲，最後就像是被逼到牆角的野狗，反咬對方一口（心理學稱之爲自戀暴怒，也就是台語的「見笑轉生氣」）。

通常這樣的戲碼會一再上演。吵的內容可能有所不同，吵的方式卻是大同小異。這也讓伴侶雙方形成了一種預期心理：「她等等是不是要生氣了？」「我又要被挑毛病了……」「我們今天是不是又要吵架了？」

這樣的伴侶關係，就像是在危機四伏的牢獄求生，隨時要警戒自己的人身安全。難怪許多在戀愛時用來調情的話，到了婚姻中全變成「我要活下去」的求生法則。

於是，有些渣男的「渣」，是尋求透氣的溫柔鄉。如同監獄有放風抽菸的時刻，找到一個貼心、溫柔、純欣賞不吐槽的對象，成了男人苦澀背後的那一口菸。

有一種慾望，叫透氣。

許多伴侶來到心理諮商（或是把另一半拖來諮商），都是爲了這個長久難解的吵架模式所苦。有些伴侶，在長期衝突、冷戰的狀況下，甚至是無法做愛的。因爲太害怕，或是太討厭對方，就連「碰」都不能碰。但，不碰要怎麼「做」呢？

在諮商工作中，我常常會強調一點：**不要追求「我們都不吵架」**。一來是通常做不到，二來是爲了做到不吵架，許多人會壓抑、忍耐自己的感受（慾望）。於是，就算不吵架了，但也不交流、不做愛，只能過生活了。

請把吵架正常化。吵架沒關係，但要吵乾淨。就像俗話說「吃燒餅哪有不掉芝麻」，不能因爲芝麻會掉，就不吃燒餅了，這叫本末倒置。重點是掉了之後，能不能拿條抹布、拿支掃把，把地清乾淨？

所謂的「吵乾淨」，是一種雙方都覺得：「好啦我們沒事了」的體感經驗。之所以稱爲「體感」，就是要強調這不是嘴巴說和好就好了，是身體要有一種鬆掉、安心了、親密感能夠重新回來的體驗。

這些感受因人而異。每個人「好啦我們沒事了」的訊號也不太相同，有些人會邊說「你走開」邊偷笑，有些人會瞪對方（但讓他碰），有些人則是討一個抱抱或靠著對方。總而言之，能夠好好吵架，並把架吵乾淨，才能好好做愛。

五、「壓抑慾望」——無慾無求，有時候是一種扭曲

有些男人的慾望，藏在他的手機、D槽與性幻想中。他們也許有女友，或者已婚，卻說自己無慾無求，彷彿是紅塵中的佛系男子。然而，他們不是眞的割捨了慾望。打開他們的手機、D槽與腦袋，你會看到這看似溫和無害的男人，竟然私藏了許多禁忌的幻想。

金賽性學中心的研究員賈斯汀・萊米勒（Justin Lehmiller）做過一個有意思的研究。他調查了四千一百七十五位成年美國人的性幻想內容，發現：重視婚姻、家庭忠誠的共和黨支持者，偏好婚外情、交換伴侶、多人性派對或NTR（被他人強占另一半）等幻想。

相反地，強調多元平等的民主黨支持者，則偏好以權力支配爲性愉悅的BDSM（綁縛、調教、支配服從、施受虐的縮寫）活動。萊米勒認爲，這正是禁忌的吸引力：越被禁止的事情，就越有吸引力。也可以說，一個人有多光明，就有多黑暗。

男人，明明就很想要，爲何壓抑慾望？這是因爲：性慾望有兩個層面。一個層面是禁忌（不可以），另一個層面是攻擊（很暴力）。

當男人渴望被女人認同，他們會盡量避免犯錯，也就是不要踩到禁忌，別不尊重女生。於是他們一方面討好女人，噓寒問暖，另一方面壓抑自己的慾望，強調「我只是關心妳，絕無非分之想」。

然而，這樣的男人是「分裂」的，也就是所謂的「口嫌體正直」，嘴巴說不要，但身體說我要（而且我他媽想要死了）。

當男人感到心中的慾望衝動，卻又害怕這衝動會讓他失去被女生認同的機會，緊急應變措施就啓動了：那就，分裂成兩半吧。

於是，你會看到有些男人一方面把喜歡的女生奉爲女神，當成神聖而不可侵犯的存在。一轉身，就在網路上化身酸民、母豬教徒，把女人批評得一無是處。

就如同強調平等的民主黨人，喜愛權力性遊戲。重視一夫一妻的共和黨人，則被外遇、出軌與多重伴侶所吸引。明明很想、想得要死，卻要說服自己（與別人）我根本不想，最後就成了身口不一的扭曲樣。對性慾感到禁忌的人，並未眞的禁欲，而是假裝自己沒有慾望（但大家都看得出來你有）。

此外，心理學也發現：壓抑「性慾」的人，常常也是在壓抑「攻擊」的衝動。

那麼，性跟攻擊又有什麼關係呢？

奧斯卡．王爾德（Oscar Wilde）曾經說過，「世界上所有的事情，都跟性有關，除了性本身。」「性，與權力有關。」人性是這樣的：當我們想要靠近一個人的時候，會同時想「擁有」對方，也「占有」對方。

擁有，是一種「你是我，我是你」，不分你我的親密感。這也是有些身心靈理論會說：性，是一種靈性體驗的原因。當我與你在性交瞬間完全融合，會帶來一種巨大的滿足感。

占有，則是一種「你是我的」，因此「你會爲我服務」、「你要聽命於我」的權力感。當你占有一個人，除了「我命令你」帶來的成就感，和「你服從我」帶來的愉悅感，也可能會有「我好像傷害了你」的愧疚感。

壓抑了慾望的男人，明明想要「擁有」與「占有」，卻強調自己「無慾無求」，於是把健康的陽性（帶領、主導與攻擊性），放逐到了黑暗，進駐到祕密的手機、D槽與性幻想中。

關係線：有了關係，才能夠有家

接下來，我們談一談水平的這條「關係」線。

前面提過，如果愛情是草莓蛋糕，慾望是奶油，關係就是蛋糕體。所謂的蛋糕體是撐起整塊蛋糕的部分，也就是支持愛情可以走下去、經營好親密關係的能力。

孤兒與媽寶

關係，是一種距離感。太遠、太獨立的，我們稱為「孤兒男」；太近、太依賴的，就是「媽寶」。這裡所說的「孤兒男」，不見得眞的無父無母，只要是慣於「獨立」而不依賴人，但也因此難以靠近、難以親密而顯得「空洞」的男人，都符合孤兒的定義。

孤兒男相信「人只能靠自己」。爲了生存下去，他們建立了強大的自我保護機制。孤兒男的表面看起來很強勢和自信，內心深處卻是一個充滿脆弱的空洞。他們認爲自己必須獨自面對生活中的所有挑戰，因爲誰都不值得信任。

水平線另一端的媽寶男，則反過來。他們習慣且喜歡靠近人、有時候也會依賴人。這樣的男人有點像大男孩，他們貼心、純眞，也有點可愛。然而，當發生衝突時，撐不住的他們，習慣找一個「媽」來擋。

這個「媽」，有時候是親媽，有時候則是充滿母性的另一半。

吵架時的四種不一致溝通

要深入了解關係線的運作，就要從家族治療大師薩提爾（Virginia Satir）的理論來談。薩提爾提到，一個人在有壓力、求生存的時候，會出現不一致的溝通，也就是「嘴巴說一套，身體做一套」。

不一致的溝通有四種：討好、指責、打岔與超理智。

討好的人，忽略自己的需要。

指責的人，忽略別人的感受。

超理智的人，誰的感受都不管，只講事實、邏輯與對錯。

打岔的人，則是透過沉默、分心、開玩笑等方式，逃避現狀。

這四種不一致溝通，背後也有各自的心路歷程。

討好的背後，是不滿。

指責的背後，是孤單。

超理智的背後，是害怕情緒帶來的失控。

打岔的背後，是因爲太在乎，而太痛苦，所以假裝不在乎。

一、「孤兒男」的鬼打牆

由於孤兒男「外強內弱」，吵架時，常常先以「超理智」應對（並帶有一點小指責，比如怪對方：「你怎麼這麼不講理？」）。這麼做，是試圖用「對錯」解決衝突。

如果雙方情緒都上來了，互不讓步。孤兒男有時候會透過「打岔」，迴避衝突中未解的情緒。（多半是沉默、迴避，或是顧左右而言他，像是：「明天還要上班，就先睡吧。」）

這時候，孤兒男心中想的多半是「我不要跟你吵」或「我們不要吵了」，於是選擇沉默以對。然而，另一半發現男人沉默時，多半不會覺得這是「不要吵了」，而是「你不要我了」。爲了甩開這種「被不要」的感覺，另一半常常會加碼，用更強烈的指責：「你每次講到一半就不講了，根本就是不愛我！」或討好：「我到底做錯了什麼，你要這樣對我？你跟我說，我可以改！」試圖把對方拉回戰場。

這一推一拉的下場，多半是一次次撞得頭破血流，直到傷透心的另一半說不玩了，要分手、要離婚時，孤兒男才驚覺「天啊！我的家要毀了！」於是從指責、打岔的姿態轉爲「討好」，試圖挽救快要垮掉的家（關係）。

這，也是許多伴侶來做諮商的起點。

二、「媽寶男」的找救兵

媽寶男則因爲「外軟內硬」的特質，吵架時常常會先「討好」或「打岔」。有的媽寶男，一吵架就先認錯，立刻反省自己哪裡不好、做得不對，閃避對方的指責。也有些媽寶男，是藉由撒嬌、開玩笑或是顧左右而言他（是的，打岔是媽寶／孤兒通用的），避免進一步的衝突。

媽寶男這麼做，常常會讓生氣的女人，覺得自己的拳頭像是打在棉花上。雖然媽寶男看起來很可憐，又主動認錯，女人卻也不會因此爽快，反而會有種「所以你要我當壞人是吧!?」的不爽感。

爲什麼會這樣呢？前面提過：討好的背後是不滿。雖然媽寶男總是先認錯，甚至你還沒打下去，他就自己先掌嘴了。然而，討好不是眞的要和好，而是爲了不要再爭吵，壓抑掉不滿與煩躁。

於是會出現一個怵目驚心的畫面，那看似委屈求全的媽寶男，根本藏了一把生氣的刀，隨時準備「烙人」拼輸贏。（這也是爲什麼很多人發現男友是媽寶後，常常有一種被騙、被「背刺」的不適感。）

這類八點檔大戲的特色，在於：原本是伴侶「兩人」吵架，吵著吵著最後卻變成「三個人」。哪來的第三個人呢？其實，心理學有個說法是：「兩個人之間處理不來的，就會拉入第三個人來解決。」

這第三個人，可能是網友、法官、醫生、心理師、吃瓜群衆等外人，如同以前大媽大嬸家庭失和時，會衝到街上哭喊「大家來評評理啊！」這個「大家」，就是第三個人。

除了外人。這第三人，也可能是家人。伴侶吵著吵著，誰也贏不了誰，就會搬出「救兵」。媽寶男的救兵，常常就是他媽（反之，女生的救兵，可能就是閨密、娘家）。

這也是爲什麼女人遇到媽寶男，常有種「說不清楚的不爽感」的原因。當媽寶男搬出了媽媽作爲擋箭牌，看似找個長輩討公道，實際上卻像是周星馳電影《少林足球》的台詞：「裁判、主辦、協辦，所有單位都是我的人。你們怎麼和我鬥？」

這也是本書接下來會不斷強調的關鍵。你要看懂：**媽寶男的背後，總有一個媽**。

如何使用這本書

這本書，不需要像追劇那樣，一路從第一頁讀到最後一頁。這本書，更像是一本急救指南。請你依照自己的需要、好奇或困惑，選擇適當的章節閱讀。

爲了協助你找到適合自己的章節，我在下面提供了「媽寶男快篩量表」，協助你判斷目前的感情狀況，以及建議閱讀哪些章節的小提示。

媽寶男快篩量表

1. 通常不太有主見。問他意見，答案多半是「沒意見」「都可以」「你喜歡就好」。
2. 當他媽媽有意見的時候，他會變成傳聲筒，宣稱「媽媽的想法就是我的想法」。
3. 對女生的心思很敏感，比起一般的男生，似乎更加體貼、細膩與溫柔。

4. 雖然平常個性溫和，但如果吵架吵到沒面子，他會突然大怒（見笑轉生氣）。
5. 吵架的時候，會把「可是她是我媽」「你應該爲我媽多想一點」掛嘴邊。
6. 氣消了，會拼命道歉，強調自己是一時情緒失控才犯錯；並保證「下次絕對不會再犯」。
7. 沒有自己的房間，或是在家不習慣關門、鎖門，家人可以不敲門就闖進他的房間。
8. 習慣讓別人（媽媽、女友）照顧，很少自己做家事（掃地、煮飯、洗衣服）。
9. 他的媽媽與他互動緊密，母子之間，很難加入第三者（不管是你，還是他爸）。
10. 發生大事的時候，難以獨立做出決定（選學校／工作、懷孕、結婚、金錢決策）。

請針對每一題是否符合，塡答「是」或「否」。如果這十題中，你回答了許多的「是」，特別是2、4、5、8、9這五題中，有至少三個以上的「是」，就代表：你想解決的問題，確實跟「媽寶男」有關。

家齊心理師的四個小提醒

1. 如果你在「媽寶男快篩量表」得到高分，建議優先閱讀第一章「到底誰是媽寶男」與第二章「媽寶男分類圖鑑」。了解媽寶男的特質，如何影響親密關係互動。

2. 有些媽寶男會合併「渣男」的特性，有些則相對「草食男」。如果對於媽寶男的「渣」有所困惑，建議閱讀第三章「世界上，爲何有渣男？」

3. 如果你想跟媽寶男分手、離婚，但又怕自己心軟後悔，建議閱讀第四章「To Be or Not to Be? 要分手還是忍受？」了解和媽寶男結束關係前，需要考慮過的事情。

4. 如果你想要繼續這段親密關係，但另一半的媽寶特質讓你受苦，或者，你也不確定對方是不是眞的媽寶，但只要你們一吵架就鬼打牆，好像怎麼繞都繞不出來的迷宮，建議從第五章「無法好好吵架，就無法好好做愛」開始，一路往第六章、第七章閱讀，走一趟自我與關係的成長之路。

Chapter 1

到底誰是媽寶男？

湘怡的故事
疑問篇

我是跟你交往，還是跟你媽交往？

湘怡不確定自己到底是跟男友，還是男友的媽媽交往。

毫無疑問地，男友是個很孝順的孩子。雖然一開始交往的時候，沒看過他這一面，但湘怡第一次到男友家，就受到了熱情的款待。男友熱情地介紹了他媽媽給湘怡認識。還介紹了他媽媽的拿手好菜、喜歡聽的老歌、以及逢年過節對「未來媳婦」的標準……等等，未來媳婦？

湘怡一則以喜，一則以憂。喜的是，這個男人似乎眞的很把自己放在心上。才交往半年，想的已經是很久很遠的未來了。憂的是，比起談論湘怡跟他的未來，這男人似乎更在意：「湘怡與我媽媽，能否處得愉快？」

看著男人愉快地秀出媽媽傳來的簡訊，寫著：「這禮拜放假，帶湘怡回來吃飯吧。」原本該是甜蜜的兩人世界，還沒結婚，就跑進了「媽媽」這個第三者……

到底，這樣的男人，是孝順還是媽寶呢？

為什麼媽寶男這麼多？還沒辦法事先篩選掉？

首先，我們拆解一下「媽寶」二字。

媽寶的「寶」，是「寶貝」的寶，那什麼是寶貝？把人當寶貝有兩種意思：一種是當情人，一種是當小孩。看到這裡，或許有些人已經開始皺起眉頭，心想：「怎麼會這麼長不大呢？」「這樣的男人好幼稚、好噁心……」「那都去跟媽媽談戀愛就好啦！」

不過，在爲媽寶男貼上「不成熟」的標籤之前，不妨先想一想：爲什麼說到媽寶，多半是指「媽寶男」呢？

就心理學來說，我們對於相同性別的父母，會「崇拜」對方，也會想「競爭」，因爲這是我們人生中第一個遇到的「典範」，是我長大想要（或不想要）成爲的樣子。但在跟異性父母的關係中，我們比較希望從對方身上「得到認同」，也就是被喜愛、被肯定與被接納。而媽媽，正是兒子成長過程當中第一個遇到的「異性」。

所以，「媽寶男」其實是：兒子與他生命中第一個異性（母親）的糾葛關係。這裡，是第一個需要釐清的迷思：媽寶男，不只是一個不成熟的「人」，也是一段難分開的「關係」。

媽寶男與他們的產地

媽寶男的個性，確實不成熟。不成熟不是錯的，但不成熟的心理狀態，會讓男孩進入親密關係之後，不自覺傷害了身邊最愛的人。

媽寶男，始於「兒子」跟「母親」與「父親」的三角關係，也就是心理學所稱的「原生家庭」。原生家庭就像是你買酒的時候，標籤上註明的「原產地」。釀造過程用的水，米或麥子，都讓我們這瓶酒產生獨特的風味與體質，即使後來外銷到其他國家，裝在不同顏色大小的酒瓶，外面貼上了商標與價格，裡頭的酒是什麼風味，多半還是取決於原產地。

原生家庭，就是我們的原產地。媽寶男的溫柔，常始於媽媽的「苦命」與爸爸的「缺席」。想像一個三角形，三個角分別是媽媽、爸爸與小孩。想好了嗎？這時候，請把「爸爸」這一角拿掉，再看看這個三角形變成了什麼樣？（先想好答案，再往下看喔……）

有些人會說三角形破了一個洞，有些人會看到爸爸是在三角形之外，也有人說爸爸賴在三角形的中間，就是不跟媽媽小孩連一條線。媽寶男的三角形，是捨棄了爸爸的那條線，並把兒子和媽媽的連線加黑加粗。從心理學的角度分析，這是一種「無法從兩人關係走到三人關係」的發展困難。

媽寶，誰的寶貝？

華人文化重男輕女的風氣，讓很多成爲媽媽的女人，內心其實是又苦又怨的。苦，是苦在怎麼做都不對。重男輕女形成的氛圍是，只要我的出身不對，性別不對，我再怎麼做都沒用。

怨，是怨在有苦也說不出。嫁出去的女兒成了人妻人母，就會受到婆家的文化衝擊，許多委屈也被要求忍下來。忍久了，有些母親就變成了情緒勒索的母親。這裡的情緒勒索，本質上是一種媽媽討愛討秀秀的方式，但因爲長期被否定、扭曲與壓抑，討愛的方式也就變得尖酸與暴力。

這份缺失的愛，跟誰討呢？如果母親能跟自己的先生討，這就是他們婚姻的事。然而，許多母親在跟先生討愛的過程中，經驗到一次又一次的失望——於是，她們放棄了先生，把目光轉向小孩。感受到母親的哀怨與苦楚，媽寶男接受了這個任務（回想那條又粗又黑的母子連線，以及斷開連結的三角形）。

媽寶，誰當媽？

無論是對於父親的不認同，還是掛心於母親的無助，都讓媽寶男必須把眼光放在媽媽身上。讓媽媽參與，甚至介入自己的人生。如此一來，媽媽這個女人，才能感受到活著的意義。

有時候，媽寶男也對這一切感到煩躁，無論是厭惡父親無法當個負責的男人，或是沒能做好「媽媽的丈夫」的角色。又或是與母親的糾結、焦慮與控制，糾纏地難分難解。先是因爲被母親的不理性所束縛，而感到憤怒，沒多久，又對自己竟然向母親發火，而感到愧疚。

於是，媽寶男很常感到後悔。因爲他們貼心的背後，有一種羞愧；而他們討好的背後，有一種恐懼。

媽寶男與他們的產地：母子關係的四大分類

一、小情人＋喪夫母親＝難以獨立

這裡說的「喪夫」，有可能是眞的單親，也有可能是先生人在心不在，活著跟死了沒兩樣。喪夫的母親，與兒子相依爲命，會很自然地抓住兒子不放，形成「情緒伴侶」的關係。

所謂的情緒伴侶，指的是媽媽透過兒子，滿足了本來該是伴侶（爸爸）提供的情感需求。舉例來說：有些媽媽出門逛街，會挽著成年兒子的手臂，一路上抱怨著生活的不滿，或撒嬌地問兒子：「（媽媽講這些）你爲什麼都不說話？」彷彿帶著一個小男朋友。

反之，兒子可能一方面有點抗拒（畢竟快念大學了還跟媽媽手勾手，是有點不自在），另一方面又會忍讓。雖然感到沮喪、煩人，甚至偶爾有點憤怒，兒子們終究會得到一個結論：「……不能放著我媽不管。」

為什麼不能放著不管呢？因為在這種家庭長大的兒子，會感受到媽媽強烈的「哀怨」。「哀怨」是個很特別的情緒，外表的「哀」看似是不快樂，裡頭的「怨」卻是「怒而未言」。也就是說，哀怨母親看似憂鬱，內在其實有很大的憤怒，但因為華人社會對傳統女性的「自我」多所壓制，「怒」黑化成了「怨」，變成一種不直接、又不言說的攻擊。

舉個例子來說：瓊瑤的作品《我是一片雲》中，女主角宛露（林青霞 飾）是一位充滿魅力又淘氣的永恆少女，當她遇見了男主角孟樵（秦祥林 飾）後，兩人相愛並論及婚嫁。然而，孟樵其實是單親家庭的孩子。他的媽媽守寡多年，獨立撫養小孩長大。（戲中，樵媽也暱稱兒子為「樵樵」，可見孟樵雖然已經長大成人，但對媽媽來說，還是自己的「小孩」。）

於是，《我是一片雲》有一場戲，是身為未來婆婆的樵媽，百般刁難宛露的儀態與出身。由於媽媽做得太過火了，孟樵本來是有點激動地質問媽媽，為何要這樣對待宛露？沒想到，對宛露句句扎心的樵媽，面對兒子護未婚妻的舉動，她沒有生氣，而是嘆了口氣：「沒想到宛露還沒有進門，我已經沒有說話的餘地了。」

身爲兒子的孟樵，還能繼續吵下去嗎？果不其然，在接下來的一分鐘，兒子只能無奈地認錯、討好與勸說。這就是哀怨的力道。

二、暖氣男＋憂鬱母親＝想幫上忙

有些母親，不是真的跟兒子討愛，而是長期處在「缺愛」的慢性憂鬱之中。這可能跟母親自身的原生家庭與成長經驗有關。也就是說，媽媽自己作爲「女兒」的時候，因爲上一代的教養、關注與好奇不夠，而有一種空洞、貧乏的感受。雖然這類母親並未要求、索討兒子的愛（相較第一類的喪夫母親），自小培養出「敏感於他人情緒」能力的兒子，會直覺地認爲「不能放著我媽不管」。

事實上，有些男人之所以很會讀空氣——妳稍稍皺眉，他就關心妳怎麼了，妳微微嘆氣，他就猜到妳的心思。這是因爲他們自小就反覆運用這個能力，試圖協助媽媽的不快樂。一個例子是舞台劇《好事清單》（Every Brilliant Thing）。（這是英國劇作家 Duncan Macmillan 與演員 Jonny Donahoe 的共同創作。台灣由「四把椅子」劇團取得版權演出。）

這齣戲的第一句台詞是這樣的：「在我媽第一次嘗試自殺後，我開始寫這份清單。」「這是一份關於世界上所有好事，所有值得爲此活下去的好事清單。」

在此之後，兒子爲媽媽寫了一份很長、很長的清單，列下了所有他認爲的好事，試圖鼓勵憂鬱的媽媽。即使戲中的媽媽處在嚴重的憂鬱，一次一次將孩子寫下的清單整理好，沒說一句話地還給他。兒子仍然不斷地寫、不斷地寫，相信也許有一次，有一天，奇蹟會發生……直到兒子發現，他自己也陷入了憂鬱與憤怒之中。

暖氣男對情緒的敏感，是出於愛，也是出於恐懼。

三、金孫＋偏心母親＝軟爛自卑

所謂的「金孫」，常常發生在重男輕女，甚至是等待男性出生的家庭。過往資源不足時，許多家庭會把雞腿分給最小的弟弟（或是家中唯一男孩）。即使到了當代，大家都有雞腿可以吃，這類家庭依然會把珍稀品（比如：出國留學）留給男生。看到這，你可能會困惑：這種「集三千寵愛於一身」的男人，爲什麼也會是媽寶男？

線索在「金孫」這兩個字。「孫」是阿公阿媽叫的，是爸媽的上一代。阿公阿媽盼望有孫，然而一個家要有「孫」，無法由阿公阿媽自己生，必須靠兒女（爸媽）爭氣。這時候，世代之間傳遞的「期望」就出現了。

期望兒女早點生，讓自己來得及抱孫。

期望兒女生男孩，讓家裡多添個男丁。

期望……

於是，除了一般認爲的過得爽、被養壞之外，「金孫」也是一張成績單，一張母親交代給他們父母的成績單。爲什麼只有母親呢？這點，從各種「生男偏方」都是要求女人改變飲食習慣、性交頻率、甚至沖洗陰道來看，整個社會無意識地認同「沒生出男的，是女人的錯」。於是不難想像的是，當做媽的終於生出一個「男的」，她會如何既偏心、又物化這個兒子。

偏心在於，好不容易盼到的男生，是家族的期望，也是自己的聲望——有了這個兒子，就等於「被認同」。物化在於，極端地寵兒子，不敢罵也不敢教。或是反過來要求兒子考好成績，念建中、台大、結婚生小孩（最好再生一個兒子）……

偏心母親在生出兒子後，繼續把兒子的人生，當成她的成績單。於是，這類母親看似偏袒兒子，罔顧女兒，但她眞正「偏心」的是：自己身爲女兒的被認同感。

對此，金孫的反應是什麼呢？最常見的，是一種沒有生命力的「軟爛」，同時又有說不得的「自卑感」。軟爛，是因爲當你一出生就得到所有你要的，慾望變得乏味——你不用爭，也不用搶，這些都是你的——只因爲你是男的。

這種因爲身分得到的好處，看似很爽，什麼努力都不用，就能做個小皇帝。然而，很多人沒想到的是：皇帝就算身爲天下霸主，背後還是有個母后。當一切的「好」都是母后給的，也表示這些終究不是自己的，現在能夠享受這些——只因爲你是男的。

於是，這看似什麼都有的金孫，唯一沒有的，就是自尊。這也是爲什麼，「金孫型」的媽寶男面對衝突時，特別容易「見笑轉生氣」。因爲缺乏自尊的人，特別禁不起挑戰。只要一戳，就會暴怒。

除了以上三種媽寶男以外，還有兩種不容易發現的隱藏版。

隱藏版的媽寶男很難發現，是因爲他們跟媽媽的關係不見得太好。你可能會好奇：母子關係不好，還可以算是「媽寶」嗎？原因在於，家裡正處於「情緒緊繃期」，就算兒子不想理媽媽，也「不能不管」。

所謂的情緒緊繃期，可以想成是這個家的「焦慮」滿了出來。也許是因爲人生階段的轉變，或是家人關係的緊張。當「焦慮」這鍋湯隨著點火、加溫到煮沸，開始「波波波」地跳，這時候如果還是放著不管，「焦慮湯」就會噴濺得到處都是，甚至燙傷了跑來關火的人。此時家裡的每個人，全都「不能不管」。

在我的經驗中，常見的情緒緊繃期有二：空巢期後「落空」的母親、慣性情緒勒索的病態母親。

四、隱藏版㈠：被拉回家的孝子＋空巢期的母親

先談空巢期。空巢期指的是孩子成年後，準備離家起飛，爸媽也開始放下「父母」的職責，回到「夫妻」關係的時刻。有些母親在這個階段遭遇了適應困難，原

因在於：許多女性成爲母親之後，生活重心開始以小孩爲主，另一半無論是「神隊友」或「豬隊友」，都是以「孩子的父親」爲考量。也就是說，許多女人開始當母親後，就不再經營「夫妻關係」。

這個作法在孩子出社會前，或許有長達二十多年的時間都不需要改變（如果生了不只一個小孩，還能再延長時間）。然而當空巢期來臨時，小孩陸續要結婚、搬出去或是到海外工作。從小一路拉拔長大的小孩突然不那麼需要自己了，接下來的人生，該如何是好呢？做了快一輩子的「母親」，要回頭當個「女人」，適應退休養老生活，甚至培養個人興趣，都是需要重新學習的事情。

如果之前都沒有經營夫妻關係，只是以「小孩的父母」合作，空巢期後重新面對另一半，也就是重新面對彼此的夫妻關係，也會感受到很多挑戰。有些母親會突然吵著要離婚，或是出現焦慮不安、情緒失控等「症狀」，甚至需要到身心科門診拿藥。這時，遠走高飛的小孩們通常會飛回家，跟著老父親一起想辦法——因爲事情鬧大了。

在我自己的臨床經驗中，有個特別的觀察是：如果孩子這一代有女兒，即使飛出去成家了，通常還是會跟媽媽保持連結。這麼說，不代表有女兒的家庭，媽媽就不會焦慮或要離婚。差別在於：當媽媽心中有苦的時候，女兒通常會第一個發現。相對來說，家裡如果都是兒子，或以兒子爲主，通常要到媽媽狀況很不好，甚至不得不去看身心科門診時，才會嚇一跳地發現：「啊，事情有這麼嚴重喔？」

這並不是在說兒子比較遲鈍（或女兒天生貼心），而是指出一個現象：空巢期的母親有可能會透過症狀，無意識地把小孩找回家（特別是兒子）。

家族治療有個信念是：所有症狀都有其功能。在這個例子中，症狀的功能是：找到人陪。當母親感到焦慮不安，多數家庭的父親會要小孩多回來看媽媽，甚至要他們一起「陪」媽媽去門診。重點在於這個「陪」。母親空巢期的失落，在說她需要陪伴，但也知道小孩長大了，有自己的生活——這形成了矛盾：又想小孩陪，又覺得不應該。於是，症狀在此登場。

小孩陪媽媽看病，關心症狀帶來的不適，也就無意識地滿足了母親需要被陪伴的願望。（無意識的意思是，大多數媽媽並非裝病，也不是演戲，她們是眞的感到焦慮、睡不好，甚至生氣易怒。同時，她們也不知道自己「怎麼突然會這樣」。心理治療的其中一個任務，就是把無意識的衝突與願望，透過覺察提昇到「有意識」的層次，也就是知道「我爲什麼會這樣」。）

有些兒子在結婚成家以前，並不需要處理太多母親的感受，這類母親多半也會覺得不要麻煩小孩，或是覺得「小孩好，我就好」。然而當兒子眞的「成家」，也就是從「老家」搬去「小家」時，會突然因爲母親的症狀，得回到老家，重新當一個貼心的兒子。

以上的狀況對太太來說，常常會產生一種受騙感覺。如同 Dcard 討論媽寶的文章中，有一位網友感嘆：「交往時天天不回家找我打炮，結婚後搖身一變成了大孝子。」然而，這類兒子雖然回家當孝子，但多半也當得不太願意、不太愉快——有時候不耐煩起來，也會對媽媽發脾氣。

這個現象，會讓另一半更搞不懂：你想要回家當孝子，幹麼又這麼不情願？（還把氣發在我頭上！）原因在於：兒子不是主動回家孝順，而是被媽媽「拉去」當孝子，自然當得心不甘情願了。

四、隱藏版(二)：又恐懼又憤怒的男孩＋慣性情緒勒索的母親

另一種隱藏版，會讓家中的情緒更緊繃。

有些母親，是慣性的「情緒勒索」者，習慣透過勒索來討愛。這樣的母親，輕則哀怨自憐，重則離家出走，甚至是鬧自殺——無論是哪一種，對於孩子來說都是相當恐怖的。在這樣的家庭長大，孩子常有的回憶是：只要感到家中氣氛不對，沒多久，就準備要出門找媽媽……媽媽是生是死，沒人知道。

這是一鍋濃稠的焦慮湯。如果空巢期家庭是煮湯煮了一陣子，才發現湯滾了會濺出來，那麼慣性情緒勒索的家庭，就是每天都在煮湯，而且湯一煮就大滾，只能準備抹布善後。在此種環境長大的孩子，會長期經歷到「被勒索者」的三種情緒反應：恐懼、憤怒，與背後的「內疚感」。

恐懼與憤怒，是對於情緒勒索的「立即反應」。媽媽又要鬧自殺了，會感到「恐懼」，害怕這次眞的會失去媽媽。同時，對於媽媽的「又來了」，會感到「憤怒」，氣媽媽都不顧好自己。有時候，對媽媽太生氣了，會有一種刻意的不在乎，

覺得媽媽只是在耍人，才不會眞的出事。

偏偏，慣性情緒勒索的人，有個壞習慣：你不理我，我就加碼，加碼到你理我爲止。於是，從關在房間絕食，變成離家出走，從離家出走變成拿刀自殘，從拿刀自殘變成一腳跨出窗外……這些加碼，有效地引發了孩子的「內疚感」，也就是：媽媽之所以會這樣，都是我害的。

在內疚感中長大的孩子，遇見了另一半以後，常常會有「親密困難」。原因在於：當你從小活在恐懼與憤怒之中，事情只有對錯（而且通常都是我錯），你很難眞心相信另外一個人。

這樣的男孩多半有一種憂鬱氣質。他的神祕會引人注意，讓人想要打開他的心門一探究竟；他的孤獨會引發母性，讓人想要用母愛暖化他的心（如同言情小說中的總裁系列）。然而兩人走到了親密關係，開始無可避免地衝突、磨合時，這扇打不開的心門，成了心中隱約的痛。

原因在於：當衝突發生時，這類男人會很快代入「被母親情緒勒索」的經驗，於是前面所提的恐懼、憤怒、內疚感形成的鬼打牆，也會在親密關係之中全部重來一次。即使妳並不是他的母親，卻彷彿蒙上了一層母親的陰影。

　　這還只是交往期間的挑戰。論及婚嫁後，真正的「母親」進到了你們之間，三角關係越演越烈的狀況下，如何處理這鍋「焦慮」的湯，就成了最大的挑戰。這類「媽寶」，其實是：一位背負著「母親陰影」的男孩，艱難地面對（或逃避）另一位女性的故事。

凡事都要問媽媽的意見，是孝順還是媽寶？

判斷身邊這個男人是孝順、還是媽寶？只有一句話：當他孝順的時候，還有沒有把妳放在心上？若有，只是難兩全，那是孝；若無，還要找藉口，那是順。這裡的重點是「難兩全」，先生出面，不代表婆婆就會滿意——就像身爲女兒的妳，也不見得能處理娘家的那個媽。

華人家庭的挑戰是：大部分的媽媽都會抓著兒子不放。如果以爲結婚了，媽媽（婆婆）就不存在，可以開心享受兩人世界——不是不可能，但要有鬧家庭革命的心理準備。所以，男人提到「我媽……」不見得眞的就是媽寶，因爲妳的男人確實是妳婆婆的兒子。**但如果男人用「我媽」兩個字，來指責妳、壓迫妳，或是拿妳出氣，那才是所謂的媽寶男。**

另一個重點是，**媽寶不是無時無刻都是媽寶，是在有壓力的時候才會成為媽寶。**

這個概念，來自薩提爾的家族治療理論。在薩提爾的想法中：討好、指責、超理智，與打岔等不一致溝通姿態，都是壓力之下的求生反應，意思是：討好的人不是每天都在討好，但遇到壓力的時候，他會習慣先以討好來應對。

而媽寶惱人之處，在於他多半以「討好」出發，當女友、媽媽難兩全時，承受不了關係壓力的他，會突然轉爲「指責」（還不都妳的錯！）、「打岔」（逃避原本的話題不談）或是「超理智」（突然算起誰爲誰花了哪些錢……）。

每個人在承受不住壓力、需要求生的時候，都是「無情」的。如同再有經驗的救生員，都要小心靠近溺水的人——因爲他們爲了求生而揮舞的手腳，是有可能讓人受傷，甚至害人溺死的。於是媽寶男的無情，會跟他一開始的多情形成強烈對比。

如果從壓力反應的角度來看媽寶男，該走還是該留？該加碼還是該停損？答案就會具體許多。不妨想一想：

當對方撐不住時，妳願意撐住他嗎？

當妳試著撐住他時，他能收得到嗎？

當婆婆與妳有衝突時，他能支持妳嗎？

當他嘗試想要支持妳，妳感受得到嗎？

當婆媳衝突持續發生的時候，妳還願意跟他一起合作嗎？

或者妳的態度是：「那是你媽，你們應該要自己解決」？

沒有人想成爲一座孤島。然而，有連結，就會有期待，也就會有失誤、衝突與逃避。你們準備好一起面對兩個家的不同之處了嗎？

一般來說，與父母（婆媳）交手的難題至少有三：

1.世代差異

不同世代，出生在不同環境，價值觀必然會有落差。

有些人是政治價值觀的差異（選藍或選綠）。

有些人是婚姻價值觀的不同（早點結婚？還是經濟穩定了才結婚？也有些人，他們父母的婚姻並不愉快，於是形成一種「最好不要結婚」的氛圍）。

有些人是職業價值觀的不同（公務員爸媽有時候會希望小孩考公務員，如同有些家族是滿滿的醫生世家，過年親戚們湊在一起，幾乎可以開一家教學醫院）。

人會爲了價值觀拼命，就如同軍人會爲了國旗送命。

當環境變動得太快，每個人都會遇到「新資訊適應困難症」，如同流行語幾乎每年一換，你才剛學會，就已經落伍了。有些來訪者的父母不懂孩子爲何好好的書不念，要去澳洲「打工渡假」？對他們的父母來說，打工渡假是相對於他們「念書最好」價值觀的「新資訊」，然而我跟許多來訪者們也都搞不懂區塊鏈、NFT，這些「新資訊」到底是什麼。

在父母的眼中，我們看起來反叛、標新立異、令人不安、「不知道在搞什麼」，在年輕一代的眼中，我們又是無法掌握潮流、傳統守舊的哥哥姊姊、叔叔阿姨。世代差異跑得如此地快——槍響，才剛回神，就已經遠遠落後。

2.原廠設定

每個人都有自己的原廠設定，來自家庭養成、學校教育與個人的天生特質。有些人就是喜歡家裡乾乾淨淨，有些人覺得隨便能躺下來就好。有些人需要別人的尊重與關心，有些人則以相安無事爲最高指導原則。這就是爲什麼關係需要磨合，因爲當兩個人生活在一起的時候，需要調適彼此的習慣，甚至相互忍耐。

當兩個人遇見了彼此的家庭，如何在保有自己的原廠設定，與應對夫家／娘家的生活習慣之間找到平衡，就是一門需要先觀察、再決定，沒有標準答案的藝術。

我了解，「沒有標準答案」聽來令人恐慌，因爲我們都希望有一個完美的解答：完美的工作、完美的伴侶，與完美的婚姻。但如果你眞的懂了「原廠設定」的概念，就會知道：**完美並不存在，因為每個人都有自己的特色。特色可以是優點，也可以是毛病**。

渴望遇見一個完美伴侶，其實是在想像：「有一個人能按照我心中所夢想、所渴望的樣子，出現在我的人生中。」幻想很豐滿，現實很骨感，因爲「別人」不是你用想像力生出來的。如果，我們希望別人能夠接納我們的獨特，尊重我們的價值觀，我們就要練習把「別人」當成獨立的個體，而不是「我渴望的那一半」來對待。

於是，如何保有自我、應對他人沒有標準答案，因爲答案是「觀察」來的。觀察什麼呢？觀察「我是什麼樣的個體？」「別人又跟我有何異同？」「我們的關係又是什麼樣子的？」

觀察到了，才有辦法做決定，並為自己的決定負責。這是成熟關係的表現。

3. 家庭政治

兩個人的結合，也是兩個家庭的相遇。

許多愛情故事（比如《羅密歐與茱麗葉》）描寫的就是：即使兩個家族背景相差這麼多，甚至是互為世仇，兩個人仍不顧一切地愛上彼此。在原本的故事中，家族之間的不合，因為羅茱兩個孩子的死去而握手言和。有沒有想過，如果羅密歐與茱麗葉活下來了，她們要如何應對雙方的家庭？（特別是，如果她們活在台灣？）

超越現實阻礙的愛情，需要勇氣；面對家庭政治的婚姻，則需要智慧。在台灣，家庭政治這檔戲，最常發生在過年。不管你回的是哪個家，夫家、娘家、爸爸家、媽媽家，每個家庭都有自己的政治。政治就是權力，權力帶來比較，比較就會引發「誰好誰壞」的丟臉感（面子）。

比什麼呢？比兒女的工作，比媳婦的孝順，比孫子的可愛，比房子、比車子、比爸媽的遺產要給誰……這也是許多人遇到的婆媳議題：為何我怎麼做，婆婆都不滿意？（然後先生竟然還一派輕鬆地說：「沒關係啦！我媽就這樣。」或是跟著變臉：「我媽說妳怎麼可以不用心！」）

「孝順」之所以沉重，就是這個道理。孝順必然有它的沉重。因爲一個人要孝順成功，必須得到長輩認同。「認同」二字可以很重，因爲它沒有規則可循，只能由對方自由心證。許多人不知道如何面對長輩，甚至逃避去面對，都是因爲：不知道如何得到認同。

然而，我的一位心理治療老師說過：「嘴長在別人臉上，你管不著。」意思是：長輩認同與否，其實與我夠不夠努力，沒有絕對的關係——因爲長輩的嘴，長在他們的臉上，而不在我的手腳（勤快與否）。

所以，還是回到一開頭的那句話：在有些家庭中，孝順是一種無可避免、又吃力不討好的苦差事。比起「公審」他是孝子還媽寶，更實用的角度或許是問：**當他孝順的時候，還有沒有把妳放在心上**？

若有，只是難兩全，那是孝。

若無，還要找藉口，那是順。

媽寶男的陽光面與陰影面

Dcard 有篇文章，列出了媽寶的特色清單。

1. 很常提到「我媽說……」「我媽都是……」「以前我媽都……」。
2. 家事與生活白痴，因爲媽媽都幫忙做好了。
3. 很難自己做決定，因爲要問媽媽的意見。
4. 很不獨立，許多成年人應該完成的事情（如：作業、工作、財務），全都交給父母處理。

我再補上幾點：

5. 很能預測媽媽的心意與喜好。一開始會覺得這人很貼心愛家，久了會發現對方沒有自我。
6. 結婚後（或是討論婚禮的時候就逐漸露出馬腳）夾在太太與媽媽之間時，要麼逃避不處理，要麼怪太太不聽媽媽的。

有陽光面，就有陰影面。媽寶男有兩張臉，一張臉是溫柔貼心而懂事的大男孩，另一張臉是受到挫折而羞愧暴怒的小屁孩。

媽寶男的陽光面

其實，媽寶男，是很多女孩子的「天菜」。

他們很溫柔，善於聆聽女孩子的心聲，不像「臭男生」只會說「不要想太多就好了」。他們很細心，敏感於女孩的一舉一動，也悉心問候，不像「直男」笨笨地像根木頭。他們是新時代期望的「新好男人」——男人可以陰柔，可以顧家，不要只是見到女人就想上床，可以多傾聽、同理她們的心事。

其實「新好男人」這個詞也很「老」了，一九九五年的時尚雜誌《柯夢波丹》提出「新好男人」一詞，教育部國語辭典的定義如下：

「民國八十年代末期對男人要求的新形象。綜合概念爲具幽默感，能讓人舒適、信賴，生活態度眞誠、認眞，堅持道德與理性，有爲有守，尊重生命，體貼女性等。」

到現在已經過了二十七年。在這個時代，似乎成功了，我們不再只有大男人、木頭男與「壞男人」。然而，渴望新好男人的時代，創造出了什麼樣的媽寶男？

媽寶男的陰影面（逃避）

媽寶男的陽光面，是「暖」，而他們的陰影面，是關鍵時刻的「軟」。

爲什麼媽寶男會「軟」？因爲媽寶男會習慣性地討好對方，透過優先滿足對方需要來避免衝突。他們也會將討好合理化爲「你快樂我就快樂」，把自己的內在挖空，才有辦法只裝對方的想法與感受。

這是「慣性討好」的生存機制。然而爲了要做好做對，就會特別敏感對方的No，不管那是焦慮、疏遠或指責。當貼心討好不再有用，詢問改進又被推開，「好男人」一瞬間掉進了挫折的大海，載浮載沉。

爲何「軟」是一種問題呢？因爲，沒有力量的照顧，有時候會讓人感到煩躁（被看小）。媽寶男爲了成爲「好」男人，或是反對父執輩、渣男們的「壞」，需要與自己的力量切割。他們像是跟魔鬼談了一場交易：如果小美人魚是用歌聲換來雙腳，媽寶男就是用力量換到溫柔。

於是暖男在關鍵時刻變成了軟男。舉例來說：媽寶男的經典語錄是「我媽說……」，像是對另一半說：「我媽說妳應該多做一點家事。」「我媽說我們現在薪水還不夠買房子。」「我媽說我應該早一點回家，不要在外面逗留。」（對這些話感到很熟悉的妳，請深呼吸。）

然而，這些話很容易激怒另一半。當媽寶男發現另一半生氣的時候，又會跑來安撫對方，也許是道歉、承諾以後不會這樣（但從來沒做到），或是緊張地沉默不語，像是犯錯的小孩，勾引對方反過來安撫他。

男孩的軟，是因爲習慣討好。慣性討好的人，希望面面俱到，大家都別生氣，但這麼做的後果，就是被看成沒Guts（沒種），該硬起來的時候不硬，該挺我的時候不挺，這時候軟下來到底是怎麼一回事!?

當我們在說「這個世代需要新好男人時」，眞的是要一個無法做決定的軟男嗎？這種男孩式的天眞，在進入婚姻中尤其不利。由於傳統男主外女主內的風氣，許多男人幾乎都是最後一個知道，婆媳局勢究竟打到哪的人。

當然，也有男人抓著過去的文化習俗（或看自己的爸爸怎麼對媽媽），堅稱男人就是負責拿錢回來，家中的事情我不想管太多，妳幫我搞定——不過，這個「妳」到底是誰呢？

也難怪有一種華人家庭的局勢是：嫁進來委屈忍耐的小女人，在經歷了結婚、婆媳、生小孩等磨練後，變成擅於掌權的強勢歐巴桑。嚴格來說，除了看在夫妻尚有恩情，她已經不需要這個廢物老公了。

這時候，大概五十歲出頭吧，老公在外事業如果沒能持續稱霸，對內又處理不了家庭政治，加上小孩空巢期後，留下夫妻兩人大眼瞪小眼——有些男人到了這一步，才發現自己連這個三十多年前的小情人都快要認不出來，於是跨不過中年危機的男人開始萎縮，而強勢的中年女人急得跳腳，或是直接無視她的無用老公。

媽寶男的陰影面（好男人的交易）

另一個問題是，媽寶男的「照顧」不是免費的。他們心中偷偷期望的是：我對你好，你也會有所回報。這是「新好男人」的心理陷阱。羅伯特．葛洛弗（Robert Glover）在《毒性羞恥：讓男人不敢做自己、隱藏過錯、渴望認同的童年創傷》（No More Mr. Nice Guy）這本書提到，「好男人」專注於把事情做對，因爲他們相信：只要做對就會被認同，被認同就能「晉升」爲好情人。這其中沒說出來的心底話是：如果我是個好人，我愛你關心你，那你也該以相同的方式回報我。也就是說，好男人期待的是：「只要我對你好，你也會對我好」，於是只要有人愛我，我的需求被滿足了，我的生活就不再有任何困難。

然而，這個想法是過度天眞的。因爲多數人在親密關係中要的不是一個男孩，而是一個成熟的男人。「人很好」也許會帶來安全感，但很難帶來心動感，也不會有信任感。

●安全感與信任感

安全感與信任感有什麼不同？安全感是「這個人應該不壞」，信任感是「我可以跟這個人討論怎麼辦」，也有可能是「我可以依靠這個人幫我、教我、引導我」。

更麻煩的是，既然「好男人」透過做對「求認同」，也代表他們會敏感於「不被認同」的訊號，也就是兩人的爭執、衝突與意見不同。舉個例子：我念大學時，有些男生會送宵夜給學妹，甚至很「貼心」地猜她生理期不能吃冰，所以改送暖暖的紅豆湯。聽起來很溫暖嗎？是沒錯。但是當學妹並不喜歡這個男生，或是沒那麼多好感的時候，好男人精心送來的溫暖，也只是夏天濕黏纏身的汗。

●好男人的勾勾纏

猜猜看，如果這學妹委婉或直接地拒絕他，「好男人」接下來會怎麼做？就此罷手嗎？換個學妹嗎？都不是。要記得「好男人」很怕不被認同，因此，他們會啓動「那我可以怎麼改？（妳才會滿意）」，也就是「勾勾纏」模式。

以下，是來自某個好男人的訊息：「嗨，妳在嗎？」「妳生氣了嗎？」「是不是因爲我沒有問妳要不要吃熱的？」「……那我下次熱的冰的都買好了，呵呵……」（留意這時候屢次挫敗的好男人已經有點尷尬了，「呵呵」有時候是一種對尷尬的自我調節）「不然我可以怎麼做？妳跟我說嘛，我都可以改……」（這裡的我都可以改，其實也同步在放出「不要不理我」的訊號）

這樣的訊息無窮無盡，只要還有一絲希望（甚至對方只是傳個表情符號，或冷淡地回「嗯嗯」），這段對話都可以再來個五十句，甚至一百句也不稀奇。

媽寶男的陰影面（羞愧與暴怒）

當我開始寫男人心理學這個主題時，許多女人聽到後的第一反應是：先左顧右盼，確認旁邊沒有兒子、先生或男同事，才如釋重負地對我說：「你寫這個很好……」「因爲，我們家那個男人，眞的好愛面子。」**面子問題，是媽寶男的國安危機**。

到底什麼是面子呢？面子，是喜歡被欣賞的自戀，被當偶像的包袱、是那件故作低調、又要人稱讚的西裝。沒面子，就是「自戀」被打擊，是人設崩壞，是形象毀滅，是八卦周刊最愛的小道消息。

面子就是舞台，男人需要舞台。在會議上，在馬路上，在床上，男人希望自己很「勇」、很「猛」，也就是很被崇拜與喜歡。也因爲男人這麼需要舞台，要擊倒男人，其實很簡單——拆他的台，讓他沒面子就好了。

不過，別說我沒警告你：拆台的代價是很高的。沒面子會讓人感到「丟臉」，或是台語說的「見笑」，下一句你應該馬上就知道了：見笑，轉生氣。西方心理學稱「見笑」爲：羞愧感，「轉生氣」則是：暴怒。加在一起，「見笑轉生氣」就是「先羞愧，再暴怒」。

媽寶男爲何特別愛面子？記得前面提過的新「好」男人定義嗎？「……能讓人舒適、信賴，生活態度眞誠、認眞，堅持道德與理性，有爲有守，尊重生命，體貼女性等。」

媽寶男，有許多需要遵守的美德、要維持的形象，不可以像渣男、像大男人那樣「壞」。然而，這是一種很不平衡的思維。

從事多年的心理治療後，我體會到：當你越恐懼某事某物，它越會出現在你的生命中。就像是沒寫完的考試、沒修完的學分，沒交出去的人生功課。於是，當媽寶男努力地「讓人舒適、信賴、體貼女性……」，避免成爲「讓人不適、無法信任、又不體貼」的男人時，他們希望自己是做好、做對的。意思是，親密關係彷彿是媽寶男的功課，而另一半就是打分數的老師。

於是，對媽寶男來說，妳的失望就像是考卷上用紅筆打的大叉叉，當妳向朋友訴苦（即使只是開玩笑），就像是把他的爛成績念給全班聽：「×××，零分！」

與其說媽寶男愛面子，不如說他怕死了沒面子。於是，我們遇見了男人（及其伴侶）的兩大地雷。

1. 男人愛面子，卻也因此被面子控制。

因爲沒了台階下的男人，一旦見笑轉生氣，弄得場面超尷尬，其實更沒有面子。所以，越是說不得的男人，越有可能爲了維護自身名譽，做出更沒面子、後果更糟的事。

2. 激將法是「見笑轉生氣」的捷徑，也是關係殺手。

沒面子的男人，發起脾氣連自己都覺得恐怖。這不是說笑喔，證據是：許多男人見笑生氣完，又會拼命地跟對方道歉，然後承諾：「我下次絕對不會這樣了！」結果，你知道的。

我知道，有時候身爲男人的另一半，確實會看他的裝模作樣不順眼。不過舞台拆了，樓沒了，關係也就完蛋了。爲什麼「見笑轉生氣」，有如此巨大的破壞力呢？

●讓我們來談談羞愧感

羞愧是一種很特別的情緒，它跟喜怒哀樂這種本能的情緒不同，它是很「社會化」的情緒。社會化的意思是說，之所以會有「羞愧」，是因爲有「別人的眼光」，這個眼光就是社會。

舉例來說：有個男人在宴會場合抓狂走人，是因爲太太開了一個玩笑，說他在家裡都很懶沒洗衣服。其實，這太太也很冤。畢竟男人在家被太太念的時候，看起來雖然有點煩，但也沒那麼火大。爲什麼到了外面，同樣的話就有不同反應呢？

因爲沒面子。爲什麼沒面子呢？因爲太太講這句話的時候，旁邊還有其他客人（可能是先生的朋友、老闆或下屬……）。沒面子，是因爲太太竟然讓這些人，也都看到了自己的「不好」，於是他不再是「好的」，這是「見笑」。氣太太竟然讓自己沒面子，說話也不看場合，這種話要講爲什麼不回家講，於是輕則臭臉走人，重則「啪」地一巴掌朝太太打下去，就是「轉生氣」了。

原來你不是不在乎，而是不知道

經過了幾次的悉心觀察，湘怡發現了男友「媽寶」的背後，也有他的兩難。男友確實很孝順，這無庸置疑。同時，男友也很媽寶，原因在於：當媽媽不開心的時候，男友會突然像是失了魂一般，想盡辦法地討好媽媽（自然也就會拉湘怡下水）。

跟心理師討論後，湘怡發現：她的男友，原來是媽寶男四大分類中的「暖男＋憂鬱母親」。男友的爸爸，是個不太管小孩，也不太理老婆，整天找朋友喝酒的男人。當男友的爸爸拋妻棄子喝酒去，媽媽就會立刻打電話給兒子訴苦。

有幾次跟男友吵架，都是因爲：小倆口原本計畫好出去玩，可是男友媽媽一通電話打來，聽起來不是很開心，希望兒子能多回家，男友立刻「自動化」地取消約會（現在妳知道了，媽媽要兒子回家當孝子，其實是在填補先生留下的空缺）。

其實，湘怡不是一定要抓著男友不放，但他「不加思索」的態度，會讓湘怡覺得不被重視，感覺沒被男友放在心上。

在心理師的鼓勵下，湘怡開始跟男友討論她的不舒服。男友也在驚訝地發現：自己是多麼自動化地滿足了媽媽、忽略了湘怡。

於是，小倆口開始討論一些「說法」，讓男友可以有意識地應對媽媽。下次，當媽媽打來的時候，男友不急著反應（不管是答應或拒絕）。而是先跟媽媽東聊西扯一陣子後，再回頭跟湘怡討論：這次是要回家，還是約會？

原本，湘怡很氣男友忽略自己，討論後，才發現男友願意調整，也有其難處。湘怡很高興自己沒有立刻「放生」這個男人（見到媽寶就開槍，也是一種自動化反應）。也才有機會發現：原來，男友也有成長的潛能。

家齊心理師的三個小提醒

1. 媽寶男的後面，總有個「媽」。跟媽寶男交往，會同時跟「妳男人」與「他媽媽」交手。
2. 媽寶男與他媽媽之所以糾纏不清，「長不大」只是其中一個原因。有時候，是媽媽抓著兒子，不能放手。有時候，是兒子望著媽媽，不願離開。
3. 媽寶男的「軟」性子，好處是溫柔貼心，壞處是避重就輕。重面子的媽寶男，需要妳能看見他，給他一個舞台，他才有機會好好發揮。

Chapter 2

媽寶男分類圖鑑

雅芬的故事
疑問篇

不是渣男就是媽寶，為什麼總是遇到爛男人？

「這已經是半年來第三個了……」雅芬垂頭喪氣地坐在諮商室的沙發上。「心理師，你說我是不是該去拜個霞海城隍廟，還是應該算一下塔羅牌啊？不然，爲什麼我不管是滑 Tinder、朋友介紹，還是國小同學……只要是我有好感的男生，不是媽寶就是渣男？」

身爲心理師的我，其實不反對來訪者來諮商的同時，也去拜拜、收驚、算塔羅。畢竟，我們這行有句老話——能抓老鼠的就是好貓。如果哪尊神幫得上忙，也是一件美事。只是，這次雅芬拜的神再厲害，恐怕也解決不了這煩惱。

我會這樣說，不是要唱衰雅芬的努力。相反地，因爲她已經諮商了快要半年，我們建立了穩定的工作默契。有些深入的話題，才能夠開始討論。我解釋給雅芬聽，她自己的「人格特質」，如何與她遇到的「男人」，以及他們身後的「媽媽」，形成一連串的雙人舞……

噢，只是跳一跳，都會踩到腳。

媽寶男，不只是人格問題，也是關係問題

前文提過，在 Dcard 討論媽寶的文章中，有一位網友感嘆：「交往時天天不回家找我打炮，結婚後搖身一變成了大孝子。」這句怵目驚心的話，究竟何解？

如果用人格的角度來解，就會覺得這個男的很噁、很渣、很沒用。但這種分析除了出氣，其實沒辦法養成觀察力，那就有再次遇到噁男的風險。

媽寶男，是社會風氣＋家庭關係的結果

如果從「階級地位＝最舒服的做事方式」來想，這個問題就有了答案：他們不是壞，而是懶。這個想法，靈感來自以「阿姨學」聞名的劉仲敬，他在《阿姨，我不想努力了!?》提到一個很有意思的例子：「許多衝突不見得是人格問題，或是這個人很壞，而是他們所處的階級地位不同，本能習慣（最舒服的做事方式）也就不同。」

有時候，人不是壞，而是懶。比如，劉仲敬提到：十九世紀的小說家常會描述一種情節：出身於資產階級家庭，重視勤勞、節儉等美德的女孩，遇見了嚮往自由、生活放蕩不羈的藝術家。兩人的結合帶來一團混亂，女孩非常痛苦，但「……藝術家並不是壞人，也不是想虐待她，他只是按照他自己的階級習慣做事」。或許，對方的原生家庭中有隱藏版的重男輕女，或是母子互為情緒伴侶，這是他的原廠設定，也是劉仲敬所指的階級地位。

爲什麼會有這種差異呢？因爲，談戀愛比較像是打獵，爲了追求（擊敗情敵、投妳所好、上床打炮等），不能只有本能與習慣。畢竟，過得太舒服是追不到獵物的。然而，結婚後則像是過生活，雙方的家庭、階級與生活方式逐步登場——男人從情場獵人，變成居家農夫，規律地上下班，拿錢回家。生活穩了，不用打獵，就會開始懶了（或是把焦點放在工作、電玩或其他興趣上）。

從爭辯媽寶男的定義，到看懂男人與他們家的關係

所以，要眞正地了解媽寶問題，找出有效的應對策略，就不能只在「這樣算不

算媽寶」的定義上打轉。除非妳只是想打筆戰，想發洩或討拍，那沒問題。如果妳想衝破這道鬼打牆，就得學會觀察「關係」哪裡出了問題。

不只是你們兩個人的關係，而是你們兩家的階級地位，如何養成你們的互動習慣？舉個例子吧，前面提到「母子互為情緒伴侶」。有一種家庭是這樣的，父親也許真的死了（物理），或是雖然還沒死，但存在感跟死了沒兩樣，於是這個家成了一個「偽單親」家庭。

如果家中只有一個兒子，媽媽會很自然地抓著這唯一的依靠，從先生那邊要不到的溫暖關懷，以及失望挫折的苦水，都會往兒子身上倒（不然要跟誰說？）。於是，兒子也就「習慣了」這樣的做事方式，與媽媽形成情緒伴侶。

被工具化的女人，也把自己當工具

情緒伴侶的現象，也跟時空背景有些關係。如果是早個三十年的台灣，那一代的華人女性是更加沉默的。當時的兒子不見得會感受到媽媽的情緒需求，多數母親也會選擇忍耐沉默。套一句我同事的觀察：「那年代的女人，被當成工具，也把自己當成工具。」工具，是不會跟用它的人討愛的。

當兒子習慣與媽媽合而爲一，雙方互爲情緒伴侶時，嫁進來的妳，很自然地成了小三。不過，即使當了他們的小三，倒也不一定就會絕望。

有些媽媽是「曾經」有過一段無助的時光，孩子大了也慢慢走過，不需要持續緊抓著孩子。這樣的媽媽，雖然一開始會有點不習慣媳婦的加入。但只要雙方互動得宜，就能慢慢學會祝福兒子長大，也歡迎媳婦這位新成員的加入。

有些媽媽的無助是「現在進行式」，這就比較麻煩了。因爲兒子在這樣的關係中，就是媽媽無助時所抓住的浮木。這也是文章一開始 Dcard 網友的困惑——「談戀愛還有兩人世界，一結婚老公就變孝子？」原因在於：也許學生時代做媽的還睜一隻眼閉一隻眼。結婚後，先生的媽媽，就正式成了婆婆。若是她「習慣了」兒子隨侍在側……那麼，現在正是向妳這個小三宣示主權的時機。

台灣女子圖鑑：那些年，總是愛上媽寶男的女人們

二〇一八年，我投入了身心科診所的工作。一開始，最常遇到的來訪者，是大概二十至三十歲左右的女性，談的是失戀、伴侶選擇與要不要結婚。

這樣的主題，多半是女生自己一個人來諮商，但講的都是另一個不在場的男人。發現這件事後，我開始在諮商室擺入第三張椅子（只是，因爲她的男人沒來，那是一張空椅）。然後，我跟來訪者開始討論，她身上的什麼特質與習慣，與那個空椅上的男人，形成了相愛相殺的「愛到卡慘死」。

愛上媽寶男，爲何會「愛到卡慘死」？

媽寶男的主要特徵是：陰柔、貼心與軟爛。就好的方面來說，能夠聆聽女人感受，又能聽懂那些幽微想法的男人，簡直是天菜。就壞的方面來說，缺少了適度陽

剛的男人，傾向迴避衝突，也就閃開了「把話說清楚」的責任。甚至他們會用無止盡的「討論」、「溝通」與「聊一聊」，與另一半陷入漫長的思考迷宮。也許一路聊到半夜天明，雙方眼眶都是淚水（陰柔面在此大大發揮），但回過神來——什麼進展都沒有。

簡單來說，媽寶男是「大一點的孩子／永遠都管不了自己」（陳昇《關於男人》）。於是他們不會處理關係，無法負起責任，也就無法面對與戀愛一體兩面的「過生活」。同時，來自另一半的某些特質，又吸引、強化或是放縱了媽寶男的「不要長大」。

於是那些不知是否該步入婚姻的女人，在諮商中感嘆著「我怎麼又遇到這種男人？」「我是不是該去拜月老，求正緣？」其實，**這並不只是命運，而是性格決定了命運**。

什麼樣性格的女人容易被媽寶男吸引呢？讓我們來看看，容易愛上媽寶男的「台灣女子圖鑑」。

一、聖母女孩

這又稱爲「母性爆棚」的女人。她們熱愛照顧媽寶男，如同愛護小狗小貓。爲心愛的男人準備便當，像是爲愛貓準備罐罐（也忍受他愛吃不吃，意見一堆的傲嬌）。當男人像是大狗一樣跑得老遠，衝去跟其他主人搖尾巴、討食物，也要說聲「啊，他有活力眞好！」於是女的當媽，男的當小孩，看似相安無事，如同陳昇《風箏》描述的：

> 「貪玩又自由的風箏／每天都遊戲在天空／如果有一天扯斷了線／你是否會來尋找我」

對於聖母女孩來說，把對方如同孩子般緊緊摟著，深情地說：「來，我們回家吧」，其實是一件很浪漫的事……直到她們生了眞的小孩。

當小孩出生，聖母女孩就要成爲孩子的「凡人母親」，眞的擁有並照顧一個小孩。談戀愛時被當寵物養的男孩，也需要長大爲男人，同時兼顧「婆婆的兒子」與「太太的先生」兩個角色。事情，就開始複雜了。

二、大女人

大女人不當男人老媽，她們當男人的爸。這類女人自帶霸氣，輕鬆輾壓另一半的氣勢，讓她們習慣了掌控全局。比如：約會時男人應該穿什麼，帶出去才稱頭？大女人來決定。出去玩是要開車還是坐捷運，怎麼樣才有效率？大女人說了算。男人遇到了工作困難，無法跟上司同事們商量？大女人來救火。她們的付出，自帶「最佳解」，於是「愛」與「控制」成了一體兩面。

一方面，她們爲愛付出，想辦法拿出自己最好的一面，通常會是（如同她們媽媽）乾淨俐落的手腳。由於無法忍受沒效率、太猶豫或是想太久的狀況，如果男人做不來，她們的愛就是：強力接手。另一方面，她們渴望透過付出得到肯定，對於男人是否看見自己的好，十分敏感。

發現這其中的矛盾了嗎？人跟人之間，就像是拔河，如果你用力往後拉，我要不就是放手讓你拉過去，要不就是用力扯回來。大女人內心的矛盾是：她們用盡全力地拉住繩子（掌控全場），卻又渴望另一邊的男人也多用點力，這樣才有「一起」的感覺。於是她們需要男人軟爛，又不滿他的擺爛。

除了當爸或當媽之外，還有一個隱藏版。

三、少女心

第三種是少女心，少女的意思是：渴望從愛情（被愛）中找到自我價值。這正好與媽寶男的溫柔體貼（有時還加上一股天眞浪漫），成了天作之合。少女渴望被愛，而媽寶男的暖心，對少女來說正是愛情的證明。

對少女來說，愛情，是離開原生家庭的一條道路。她們或許無法面對母親的焦慮、批判或是情緒勒索（比如總是批判女兒長得眞醜的母親），又或是想從父母的爭吵與冷戰之中逃離（也許是整天喝酒鬧事的父親，與擔憂的母親）。

急著離開家的女孩，幻想一個像白馬王子般拯救她的男孩，形成了「王子公主症候群」詳見第六章。這麼做，最大的問題是：當你爲了離開老家，匆忙投入一個小家，那些在老家沒能處理完的議題，一樣會在小家出現。於是，少女躲開了過去的坑，卻跌進未來的洞。

總是遇到爛男人，是我的問題，還是他的問題？

看到這邊，是時候來回答雅芬的問題了。

前面提過，就關係心理學的角度來說，媽寶男不只是一個人的性格，也是「兩個人的關係」。

兩人關係，一個巴掌拍不響

所謂「一個巴掌拍不響」，如果媽寶男是「媽媽＋兒子」的雙人舞，那麼，發現「妳＋男友」會跳出什麼舞步，就是避免愛情鬼打牆的第一步。

當然，媽寶男會拉妳進入他習慣的舞步，妳也會不自覺地跟著他跳，或是加入自己的節奏。跳著跳著跳到最後，也就分不清楚，是誰帶著誰跳了。因此，要搞懂關係中的雙人舞，就不能只是「公審」誰對誰錯，停留在自身不滿委屈的宣洩中。

同樣地，在諮商工作中，討論一段關係的「失戀、伴侶選擇與要不要結婚？」也不只是暖心、相挺或幫忙出氣就好了。有經驗的心理師除了支持來訪者的感受，也要像教練一樣，討論雙方互動的舞步，共同找出可行的策略，走出鬼打牆的迷宮。

而這一切的工作，需要妳從「觀察自己」開始學起。

觀察自己的慣性

妳能做的第一步，是先看懂並承認自己的慣性，同時也發現慣性背後的需要。

要能承認自己的慣性，就要先從「是誰錯了？」的公審邏輯中，暫時退開。許多人把自己的戀愛難題ＰＯ上網求問，問的其實是「我這樣是否不正常？」或「他那樣是否不正常？」這其實是一種尋求鄉民公審，找出戰犯的習慣。

也不是不行，姊妹兄弟爲妳出氣，是可以多點力氣。但如果妳還要經營這段關係，只是把對方打成罪人（我姊妹說你是渣男……），其實跟媽寶男的軟爛（我媽說你不夠顧家……），沒什麼兩樣。

發現慣性背後的需要（並保護好它）

心理諮商有個概念是：所有的慣性背後，都有需要。

比如，聖母女孩的給愛，或許是在體會自己「可以照顧人」、「可以給出好東西」的成就感。大女人的氣勢與控制，也許是想透過「把事做好」，尋求被認同（也許是來自男伴，或是他的父母）。而少女心的公主症候群，可能是需要透過找到一個全然愛自己的王子，確認「我是有價值」的。

一旦在諮商中探索出這些需要，我會跟來訪者說：這些是妳個人的祕密，不要急著跟身邊的人分享。因爲，內心最深處的需要，就像是貓狗柔軟的腹部——當妳欣喜地翻開肚子時，妳永遠不知道另一個人會怎麼對待它。

更好的作法，是搞懂這些需要並放在心上，用這個作爲觀察力的基礎——知道自己什麼時候會踩坑，以及爲什麼會踩坑，也就知道媽寶男的哪些話語，哪些作爲，會讓妳不自覺地鬼打牆。

看懂了兩人舞步，才不會老是踩腳。

家齊心理師的三個小提醒

1. 要有關係心理學的觀察力，就不能掉入「誰對誰錯」的「公審」慣性。
2. 要能觀察對方的慣性，也承認自己的慣性，才能真正看懂雙方的舞步。
3. 從雙方原生家庭的歷史（比如男友如何與他媽媽互動），也能看出端倪。

Chapter 3

世界上，為何有渣男？

他騙我，還是他變了？

佩淳看著眼前的男人，不知道該如何是好。無數次的吵架、爭執、大哭與和好，她還是搞不懂眼前這個男人在想什麼。

三年前，尋尋覓覓的她，終於找到了極品好男人。這男人是個好爸爸，是親戚小孩的偶像。會說故事也會變魔術，姪子姪女整天圍著他轉。對佩淳來說，他更像是一個從天上掉下來的好情人、好父親，這麼有才華又愛小孩的男人，一定要好好把握！姊妹們告誡的「男人結婚後就變了一個樣」是蠻警世的，但佩淳認爲這絕不會發生在自己身上。

當佩淳第一次發現男人出軌的證據時，她感覺世界崩塌了。

照片中的女人並不漂亮。佩淳自覺不笨，高中大學與一群中二男當好麻吉時，看著他們下課怪聲怪氣拿出來的漫畫、寫眞集，就知道這些臭男生愛的是哪一味——細腰、長腿、大奶、大眼睛。

可是這個女人都沒有。

真要說的話，這女人更像是一個沒有性別的小孩，平胸、個子又小，最明顯的特色，就是臉上的雀斑。佩淳看完了照片，忍不住望向鏡中的自己——是生了小孩後，身材變形了嗎？或是日常的保養出了什麼問題？

可是，爲什麼是這女人？

一如往常地沒有答案。佩淳的男人知情後，除了沉默就是道歉，過兩天換婆婆打電話來幫忙說情：「夫妻吵架在所難免，有話好好說。」佩淳在電話的一頭沉默了，她感覺自己與這男人之間，有些什麼斷掉了……

他是渣男？媽寶男？還是男人全都一個樣？

時間，回到六個月前。

夜半時分，佩淳望著枕邊的男人，吞了吞口水，把他的手機偷偷拿了過來——這是她從沒想過自己會做的事。畢竟偷看另一半手機這種事，感覺是控制狂才會犯的錯。然而，這個溫柔貼心的好男人，有好多的祕密她猜不透。越來越不安的佩淳，帶著罪惡感，滑開了他的訊息……

世界上爲什麼會有渣男？渣男有兩種，一種是忽略責任，一種是逃避面對。他們的相同之處，在於戀愛中的甜蜜，總在某一刻變質，變成了苦味難吞的渣滓。他們的不同之處在於，習慣忽略責任與爲了逃避面對而「渣」的男人，有著不一樣的「第二張臉」。

忽略責任的渣男

忽略型的男人喜歡戀愛中的「成就感」。對他們來說，戀愛就像是打獵，透過性與情感的征服得到自信。若把對象當成了獵物，獵人自然不嫌獵物多。也因爲他們擅於打獵，有一種情場野性直覺，這類男人其實很有吸引力，甚至比許多不擅交往的男性更知道應對進退。他們聽得懂對方的暗示，但也保持一定的神祕感，在對方拒絕的時候輕鬆打住，也在對方動心的時候大膽進攻。

他們是調情能手。調情的時候很好玩，交往卻有很多困難，原因在於：這類男人的成就感來自「狩獵」而非「經營」，但一段穩定的親密關係，是需要花時間耐心經營的。

當獵場變成了農家，他們常是待不住的。因爲他們的自信背後，常常藏著自卑。而忽略型男人維持自信的方式，就是不斷「征服」，一旦少掉了征服與挑戰，關係也就跟著完蛋。

當佩淳的男人傾向忽略責任，她或許會在手機發現（他宣稱已刪掉的）交友軟體。滑開後，一系列的調情訊息「嗨」「在幹什麼？」「有想我嗎？」是他狩獵留下的痕跡。當她質問他，男人或許會兩手一攤，反問：「不然妳想要我怎麼樣？」

讓她最傷心的，或許不是男人的欺騙，而是即使被抓到了，他也不覺得愧疚。

逃避面對的渣男

反之，逃避型的渣男害怕戀愛中的「衝突」，與衝突懸而未決帶來的「沉重」。他們多半深情而溫柔，渴望與伴侶擁有一個家。然而，他們也會害怕家帶來的重量。

事實上，很多逃避型的渣男，也是在沉重的家庭環境長大。對他們來說，戀愛是離家的救贖。然而，戀愛時的甜蜜好玩不會一直都在，當兩人進入親密關係，特別是面對共同生活（同居）或未來計畫（結婚生子）的柴米油鹽醬醋茶時，似曾相識的沉重感又來了。

他們多半不吵架，但很多時候那嘆口氣「算了」的樣子，反而讓另一半更加挫折憤怒。

與忽略型不同的是，逃避型的男人不見得喜歡狩獵。他們喜歡的，其實是重新回到那沒有壓力，只有甜蜜好玩的戀愛感。於是，當另一個對象以甜蜜情人的樣子，來到逃避型渣男的生活中，外遇就發生了。

當佩淳的男人傾向逃避面對，她或許會發現交友軟體，也可能不會——因爲這男人的祕密，可能藏匿在日常的訊息交流，甚至是雙方共同的朋友。打開逃避型男人的訊息，會看到他溫柔的紅粉知己，如何像個聰明的小情人，把她的男人一路勾著走。

當她看到男人在訊息上生氣勃勃的樣子，不禁想起前一天吵架時……沉默，而死氣沉沉的他說：「該睡了，其他的明天再說吧。」

拒絕長大的渣男（永恆少年）

這兩種渣男，都分別有兩張臉。

忽略責任的渣男，有一張充滿吸引力、甚至很懂得交往禮儀的臉。同時，另一張臉在說：「只待在一段關係之中太無聊了，我現在要去找點有趣的事情。」

逃避面對的渣男，有一張溫柔貼心的臉，渴望家也渴望親密。然而，當衝突發生又懸而未決時，另一張臉立刻用力撇過去：「不要問我，我不知道該怎麼辦」「我不想管」。

此外，還有一種隱藏版的渣男。這種男人，有張男孩純眞的臉。對世界好奇、對生活投入，喜歡需要創意、冒險與想像力的事物。他們的體內，住了個有趣的靈魂。但是，他們的另一張臉拒絕任何長大的可能。

他們讓自己很「自由」。討厭打卡上下班，以斜槓接案爲傲，卻常常三天打魚兩天曬網，收入零零總總加起來，每月不到一萬八。他們害怕「定下來」，不想被關在辦公室裡，不想被任何標籤定義，因此也很難好好累積……不管是錢，是信用，還是感情。

這種男人的「渣」，乍看有點像是逃避型。同樣溫柔感性，但不擅處理衝突（畢竟，衝突是需要練習的）；有時候，又像是忽略型。因著他的才華與談吐，擁有很多紅粉知己，也有許多調情或戀情的「機會」。

這類男人，是所謂的永恆少年。永恆少年之所以渣，是因爲他拒絕長大。

充滿吸引力又天真脆弱的渣男：永恆少年

妳知道男人是大一點的孩子　永遠都管不了自己
張著眼睛來說謊　也心慌的哭泣
面對著不言不語的臉孔　誰也不知道男人是怎麼了

——陳昇《關於男人》

有種男人的樣貌，是這樣的：「他的雙腳很少踏在地上。比起用走的，他更喜歡用飛的，飛在自己的思緒……他有很多私人興趣，喜歡自己去書局看書。過了三十歲，聽到陳昇的《不再讓你孤單》仍然會掉淚……喜歡把心裡想的藏在理論、邏輯或是別人寫過的金句之後。」

或是這樣子：「……他心中仍然有個男孩，在自己的世界飛著……第一個發現的，是他的未婚妻。每次想要跟他靠近，或許想要他有點『存在感』，能夠 Man 一點決定事情時，他總是會侷促地回答「不了不了」。」

第三個例子很短，也是我最喜歡的一個：驚悚電影大師希區考克說：「我要飛。」他太太回：「先把你的蛋吃完。」（來自《史蒂芬金談寫作》）

成功（？）男人背後的女人

有一種男人，心理學稱之爲「永恆少年」。他們善感、細膩又有才華，常在藝術或創意領域發光發熱，很自然地被身邊的人當成王子，小王子，或是老王子。他們的雙腳，彷彿從未踩在地上。這樣的男人，背後總會有一個女人（或男人）——喔，或是不只一個。

通常，你在永恆少年背後，會先看到一個「媽」。（是的，拒絕長大的永恆少年，不只是隱藏版的渣男。有時候，也是隱藏版的媽寶男。）那人不見得眞的是他媽。有些是伴侶，有的是知己，或者夫妻創業、同舟共濟……那種你在朋友聚會聽到時，會驚呼「哇，你們感情眞的很好欸」的那種關係。

這個「媽」提供了永恆少年什麼？答案是：好好吃蛋。

永恆少年有著矛盾而迷人的特性：雖然身體長成了男人的樣子，或許一八〇公分、高大挺拔，多半也乾淨好看，他們的內心卻總是像個孩子，如同文章開頭《關於男人》的那句歌詞：

「妳知道男人是大一點的孩子／永遠都管不了自己」

小王子與老媽子

當永恆少年沉浸在自己的想像世界，就彷彿小王子在星球間旅行——在小王子的故事中，你不會看到他要如何爲飢餓、寒冷或是貧窮掙扎（想想他是怎麼跟商人星球說話的）。

小王子又說：「我有一株花兒，每天都給她澆水。我還擁有三座火山，每星期都要通一通火山口，連死火山也不放過。誰知道死火山會不會再變活呢。我擁有火山和花，這對我的火山有用處，對我的花也有用處。可是你呢，對那些星星根本一點用處也沒有……」。

商人聽了張口結舌，一時無言以對。（節錄自《小王子》，李玉民譯，好人出版）

每天為花澆水是很迷人，但肚子會餓，天氣會冷。這些日常生活的瑣事，會有一位充滿母性的女人（或男人）跳出來，為他照顧生活起居，讓小王子可以毫無後顧之憂地繼續飛翔，白話文就是「老媽子」。

如果小王子是小屁孩，老媽子就是大父母。

如果小王子是藝術家，老媽子就是經紀人。

如果小王子是園藝設計師，老媽子就是管線工程師。

這樣的「配對」，自然形成了伴侶「正宮」的地位，但也形成了永恆少年特殊的親密關係模式——一個永遠可以青春帥氣、不管世事的小王子，配上一個常常解決問題、協調人際的老媽子。

親密又緊繃的兩人關係

這樣的親密關係，會造成什麼後果呢？

對老媽子來說，要麼會有黃臉婆的忍耐、委屈與苦情，要麼演化出大手大腳、管東管西的歐巴桑樣。然而，這背後可能也有一種女人的怨恨——「爲什麼在外發光發熱，接受掌聲歡呼的都是你？」

對小王子來說，有人貼心照顧與安排設想，是很感動而溫暖的，有時也會深情地覺得這就是「家」。不過，飛在天上的少年可能沒想過，照顧有其一體兩面——照顧是一種給予，也是一種要求。

比如說：吃飯吃到一半，創作的靈感來了，你跑去電腦前專心打字、編曲或是畫畫。碗盤丟在桌上或水槽沒收，是不會有小精靈神奇地把它洗乾淨的。就算你家的小精靈收了一次，收了兩次，到了第三次也會忍不住怒吼：「老娘不幹了！自己吃完的碗自己收！」

其實，小王子並非不知感恩，而是當他們一頭栽入有興趣的事物時，就彷彿瞬間離開了地球，進到了自己的行星系。於是，小王子常常有一個委屈是（請母性強烈的人們先深吸一口氣，冷靜了，再往下讀）：「我也很努力了啊！」

小王子的確有在努力，比如他們通常會（在返回地球後）跟另一半道歉、安撫與承諾「下次不會這樣了……」，但他們總是做不到——不是不要做，而是沒有意識到自己再次「離開地球表面」了。

於是，老媽子也總是覺得：「你答應我了又做不到。」那到底該怎麼相信小王子說的話呢？也難怪有那句話：「男人的嘴，騙人的鬼。」

當小王子與老媽子的「兩人關係」一再挫折，第三個人出現了……

永恆少年的外遇心理學：舞台上的男人，與他們的小三

「你愛的到底是我、是那個女的，還是你自己？」

女人把男人的手機扔在桌上，顫抖地問。男人沉默不語。

兩種小三

永恆少年的才華洋溢，容易招來名氣與粉絲。然而成名的黑暗面，是隨之而來的小三。

永恆少年會找的小三，一種是所謂的「傻白甜」迷妹。通常她們會以一種仰慕者的姿態，出現在永恆少年面前。她們仰慕、貼心、傾聽，從不像老媽子吐槽、提醒或叨念（即使這些都是因爲懂了永恆少年的壞習慣，爲了他好而不得不做的……

「爲了他好」這四個字是不是很耳熟？）

傻白甜，也就是相處起來比較輕鬆的關係。就之前提到的渣男心理學來說，這是偏向「逃避面對」的類型。不過，也不是所有永恆少年的小三，都是這一類求輕鬆的關係。

電影《成名在望》中，有一群隨著全男性搖滾樂團巡迴的女孩們，其中一位領頭的大姊Penny Lane（Kate Hudson飾演）這樣說過：「我們不是迷妹（Groupies）。迷妹跟搖滾明星上床，因爲她們希望靠近名人。我們是爲了音樂而在這裡，我們激發音樂靈感，我們是樂團的支援。」

這一類小三，是情慾的化身。她們自信、叛逆而自由，有一種危險、未知且無法掌控的女性魅力。永恆少年喜歡凝視這樣的女性，偶爾也會被激起強烈的陽性征服感，但本質上，他們是沒有能力玩火的。

我的意思是，永恆少年並不像忽略責任型的渣男，可以憑著狩獵本能遊戲人間，可以在痛哭的女人面前，冷冷丟下一句：「我們本來就是玩玩的。」永恆少年眞要斬斷小三的時候，通常已經是親密關係的癌末。

拉下神壇

這「斬小三」的結局，對永恆少年來說，還有一種特別撕心裂肺的痛苦——原本崇拜他的小三粉絲，在相處後看透了自己的眞面目，狠狠把他拉下（或是自己跌落）神壇。

別看永恆少年飛在天空，彷彿充滿才華與自信——他們內在常有「冒牌者症候群」的恐懼與自卑。「我的創作眞的好嗎？會不會那只是一團屎，只是沒有人要告訴我？他們也許只是在等著看我笑話？」這些都是永恆少年會有的內在對話。

「冒牌者症候群」造成永恆少年上了神壇下不來，被拉下來又丟臉的窘境。

為什麼會外遇？再談渣男

但爲什麼會有小三？成名註定讓人變質嗎？心理治療師埃絲特・沛瑞爾（Esther Perel）在《第三者的誕生：出軌行爲的再思》中提到：「婚外情是一種尋找自我的方式，一種探求新的（或失去的）自我認同的表現。」

沛瑞爾也強調，很多人看到這句話或許會大叫：「屁啦，這只是美化外遇而已」，但這是一個從外遇者的視角所做的討論，因此，如果你在閱讀接下來的文字時感到不滿、不適甚至想要大吼——你可以先讓自己停下來，不用逼自己深入這些男人的內在世界。

《第三者的誕生》一書，將外遇者的內在世界分成幾類。簡單來說，可以分成：偷禁果的誘惑、尋找新版的我、回味曾經的我、以及多重宇宙的我。

1. 偷禁果的誘惑

人性有一種傾向：規定得越嚴格，越說不可以做，就越想打破規則。這甚至是經過研究支持的偏見效應。在《出一張嘴就夠了：50條讓你溝通順利、商品狂賣的科學方法》中提到了一個研究，當你越強調「不可以偷走國家公園的樹木化石」，甚至把撿化石的遊客畫在告示牌上，那麼，樹木化石的失竊率越高。（這不禁讓我想到公車廣告上，徵信社特別放上了「抓猴」的廣告，還畫了一隻穿著襯衫，拿著鞋子，鬼鬼祟祟的猴子。）

一顆蘋果並不有趣，但一顆「絕對不可以吃」的禁果，就刺激多了。如同伊卡洛斯在父親的協助下，戴上蠟製的翅膀逃出迷宮，卻不聽父親的叮嚀與禁令，往太陽直直飛去——永恆少年也會拿最重要的東西（婚姻）來下注。

有時候，他們追求賭博本身的爽感，而非贏錢的快感。有時，他們也會說服自己人生沒有道德的疆界，如同藝術應該超越社會道德的枷鎖，於是冒著被逮的風險，做些骯髒下流淫蕩的事。

人爲何偏好犯規？沛瑞爾的說法很有意思：「違抗條規是爲了要擁有自由而不受束縛，要擁有可能性而不受限制，要擁有應得權益而不要遵循。」換句話說，永恆少年賭上了另一半的信任與親密，換取一種名爲自由的感受，卻也成爲自私的男人。

2. 尋找新版的我

對此，《第三者的誕生》寫道：「有時候，我們之所以尋找他人注視的眼光，並非不想看見身邊的伴侶，而是不想看見今天的自己。我們似乎在尋找另一個情人，其實是在尋找另一個版本的自己。」

永恆少年恐懼落地，落地彷彿墜機，迎來漫長的死亡。

不只一位永恆少年成爲永恆中年時，回頭看看這過了大半輩子的人生，會突然驚嚇地發現：「就這樣？我的人生就只有這樣了嗎？我就這樣勞動、付出直到老死嗎？」那是對乾枯的恐懼，也是一種中年危機。

於是，永恆少年的外遇，有時候是爲了找到「活著」的感受，是透過尋找另一個版本的自我，試圖救活快要枯萎的生活。

3.回味曾經的我

其實，這與「尋找新版的我」異曲同工。有些人不是從外遇尋找新的自我，而是在同學會或 Facebook 遇到了舊情人、老同學，透過舊情復燃，回味過往的自己（也許是還在念書的純愛，還是年輕的放蕩不羈，或是某種過往的默契）。

4.多重宇宙的我

所有多重宇宙的故事，都直指一個人類核心的感受——遺憾。

某一天回顧人生種種，我們總是會忍不住去想：如果當時我說「好，我們搬去國外」，或是我決定不嫁給這個人，又或者那場意外沒有發生，我當天要是沒有出門……那現在的我，會是怎麼樣的我？

Netflix 製作的電影《婚姻故事》中，夫妻倆分別是劇場導演與演員，他們在故事的一開始就決定要離婚（婚姻諮商時，先生念完了「自己喜歡太太哪些部分」，但太太不願意念，轉頭就走——後來觀眾才知道，先生早就有了小三）。

當電影來到後三分之一，夫妻倆爲了離婚與小孩的事情大吵起來——帶有永恆少年特質的先生，是這樣吼太太的：「……但是我以前有很多機會，我二十幾歲就是白手起家的導演，突然就上了他媽的《紐約休閒》雜誌封面，我變成大紅人，要幹幾個女人都可以，但我沒有。而且我愛你，不想失去你，但我才二十幾歲，我也不想失去那些機會，但我失去了！」

你可以說，這個先生很自私，只想到自己，好像結婚是太太逼他的一樣。但在這段對白中，你也可以看到先生的外遇，是爲了追逐「那早已失去的青春時光」，那個當紅炸子雞的自己，那個因爲上了神壇，可以被崇拜、被關注，可以當皇帝的自己。

有趣的是，電影短暫帶到先生的外遇對象，正是一個機靈、貼心但又直接的女孩，幾句話就把他逼得啞口無言（先生只能藉故要接電話，轉身離開），正符合了我們前面所說的「情慾化身」。

以上分析，並無意爲外遇脫罪辯解。而是透過心理狀態的分析，協助小王子、老王子，或是王子身邊的人們，懂得永恆少年的內在世界，是如何展翅飛翔，又如何恐懼落地。

如同佩瑞爾警告她諮詢的來訪者：「詩情畫意不能當飯吃。」當充滿詩意又狂野刺激的飛行落地，日常生活的那顆「蛋」仍是重要的。

回到文章一開始，女人的提問：「你愛的到底是我、是那個女的，還是你自己？」事實是：永恆少年對自己又愛又恨，自戀也自卑，需要紅粉知己的支持。因此，他們很少只愛自己。他們或許很貪心，正宮小三兩個女人都愛，但也終究無法滿足——因爲，永恆少年內心渴望的，是非凡人的「女神」。

非凡人的女神，這到底是什麼意思？

永恆少年的女神崇拜，為何終究會幻滅？

「當時的我，終日煩躁，盲目地勞動，然後就這麼邁向死亡。我以爲，這就是我的餘生了吧。」那男人說。直到有一天，「你知道白頭鷹求偶的時候，雙腳會在空中交纏，一起旋轉往下墜嗎？那就是墜入情網……」那女人說。

——電影《愛情，突如其來Over the fence》

永恆少年崇拜的是女神

永恆少年終日在紅粉知己、約炮軟體與動漫電影中尋找女人的形象——而那終究不是一個凡人女性。也就是說，永恆少年的情感和慾望，並不是指向一個眞正的女人，而是朝向那個人背後的「女神形象」。

這裡說的女神，並不完全是ＩＧ、抖音上的網紅女神（雖然娛樂產業的確會以此形象包裝藝人），對永恆少年來說，女生漂不漂亮，身材好不好，並不是她能否成爲「女神」的關鍵。永恆少年對女神的崇拜，其實是在尋求「帶有母性的女神」，也就是說，他並不只是依戀「母親」，而是迷戀神格化的「母性女神」。

之所以有這樣的「神化」，是因爲永恆少年渴望自己的一切被包容。同時，他也期待女神能夠大方給出一切，讓自己在愛情中得到救贖。

永恆少年眼中的「女神」

說了這麼多，這非凡人的「女神」，到底是什麼？試著回想這樣一位女性：她也許是電影、戲劇或動漫中的角色，或是出現在某個口耳相傳的故事中，也許是在你自己的私人記憶裡，曾經遇過的一位女性——

她無畏無懼，能夠大聲地以自己的信念對抗這個世界。

她充滿詩意，總在枯燥乏味的路上，欣賞美好的細節。

她積極連結，可以遇見那些躲在黑暗中的人們，開口邀請他們走進自己的世界。

還有很多形容詞可以描述這樣的女性：古靈精怪、溫柔包容、優雅自在等等。與這樣的女性相遇，會爲渴望世間美好的永恆少年帶來一種魔幻的美感，體現一個美麗的瞬間，以及更重要的是——母性女神的出現，拯救了、接住了、也連結了對於世界感到失望而冷漠的少年。

在許多影像作品中，也可以看到這個形象（當然，在好的作品中，你也會看到她們的雙面性，像是她們心中的「永恆少女」原型。以下舉幾個我喜歡的例子：

《阿甘正傳》的Jenny，《成名在望》的Penny Lane，《愛情，突如其來》的田村聰，《晚安布布》的愛子，《大話西遊》的紫霞仙子（或是大部分周星馳電影的女主角）。

《愛情，突如其來》（英文片名更有有意思：Over the fence）的田村聰，一個想要變成鳥的女子，手舞足蹈地說著鳥類求愛的習性，無視旁人的眼光，投入在自己的世界中。

《成名在望》的 Penny Lane。當隨著樂團巡迴採訪的十四歲男孩，因爲他媽下了最後通牒（擔心他跟著搖滾樂手吸毒），而在樂團小巴上告訴Penny：「我必須回家一趟（I have to go home.）」時，Penny望著他，說：「你已經回到家了（You're home.）。」

更別說大部分周星馳電影的女一了。武志紅在《巨嬰國》一書討論過星爺的電影與命運劇本，他是這樣描述的：「……愛的絕對證明，在《長江七號》中表現得最極致，那就是，無論我怎麼虐待你、攻擊你、拋棄你、侮辱你、憎恨你、冤枉你……你都一如既往地深愛我。也就是說，我將我人性中一切醜陋盡現於你身，而你對我的愛毫不動搖。」

那是一種永恆的形象，會帶來很大的觸動——那種打從心底被感動，覺得超越了日常生活的震撼，但是，感動歸感動，日子還是要過。

永恆少年拒絕體會日常的苦澀。他們害怕被束縛、被定型，也就是擔憂自己的「可能性」會消失。之所以尋求女神，是因爲與女人待在眞實的關係中，需要面對生活磨合帶來的痛苦，以及背後深層的恐懼——「如果我選擇了她，而我的人生就只是這樣了，那怎麼辦？」

女神感的破滅：解離與轉身

因此，「女神」只能被放在若即若離的位置。永恆少年們多少也清楚，要是眞的和女神一起投入到凡間，原本空靈的想像就會被生活消磨殆盡。女神感的破滅，將造成兩種結果：解離與轉身。

1. 解離

永恆少年傾向把「理想的女性」留在安全而有美感的地方：電影動漫、曖昧浪漫，或是紅粉知己——這不代表永恆少年不渴望女人的肉體，只是他們的慾望，需要距離才美麗。

永恆少年會想實現他的陽性氣質，但他的陽性氣質是解離的，是理想化的，是充滿幻想而不切實的。其實，他們不知道如何在生活、在紅塵、在肉身層次，以陽性的樣貌與女人的陰性特質相處。

他們對於女性的熱情，多半留在那遠遠欣賞、讚嘆與描繪的層次——正向運用的話，那是創作的熱情與泉源。然而，那也意味著他們習於被動等待，等待女神降臨到身邊，或是乾脆以一種抽離的姿態，把自己隔絕在世界之外。如同一位諮商來訪者的感嘆：「一切如此美好，但我不在其中。」

有時也會產生分裂：一方面遠遠地欣賞女神，彷彿那是純淨、無性，只有「崇敬」的女神，另一方面則把「骯髒」的性慾望投射到AV女優身上。

這帶來一種情慾能量的矛盾。曾有來訪者說過：「我覺得演AV的那些女人很髒，但我卻是對著她們打手槍……於是在慾望消退後，我覺得自己也很髒。」然而，當彷彿女神的女人來到生命中，他的身體彷彿僵住了，甚至找理由說服自己遠遠欣賞就好。

就算女人採取主動，永恆少年也很難和他們做愛。因為「骯髒」的性慾似乎不該污染女神——兩人的關係因此變得無趣。更糟的是，這些不能玩的慾望，又讓他帶著罪惡感，回去對著AV女優打手槍。

2. 轉身

《男人的四個原型》一書，是這樣描述永恆少年「轉身」的原因：「……就像所有不成熟的能量，只想存在。他不想做實際跟一個凡人女性結合要做的事情，也不想處理親密關係裡會牽涉到的所有複雜感受。他不想負責任。」永恆少年無法面對失望，無法承擔挫折，也就無法學會負責。學不會負責的永恆少年，用轉身逃避失望和挫折。

「轉身」的永恆少年可以很殘酷，像是翻臉不認人那樣地無情。由於永恆少年如小孩子般好奇、藝術家般細緻的正向特質很討人喜歡，當他們展現無情的一面，常常會嚇壞身邊的人——彷彿看到一個天眞的小孩，徒手捏死一隻蚱蜢。

永恆少年的轉身，可以搭配前面提到的渣男心理學，分爲三類：獵人男（忽略責任）、好男人（逃避面對）與媽寶男（轉向母親）。

「獵人男」的轉身，可以用一句話概括——「最高明的騙子，連自己都騙了」。他們像是周遊於花叢間的情聖，卻沒能對任何一段關係感到滿足。成癮背後有個空洞，空洞永遠無法塡滿，於是他們一次次地轉身離開，尋找下一個可能性。

「好男人」的轉身，經歷了忍耐、失望、挫折與暴怒的循環。如同之前文章提到的，好男人期待遇到一個好女人，好男人相信「只要我對她好，她也對我好，生活就能開心自在」。

然而，永恆少年特質的好男人，尋求完美無暇的女神——沒有任何一個凡人女子，可以做得到（事實上，很多好男人也懂這個道理，但是……問題就在那個「但是」。好男人願意忍耐，承受失望，幻想只要承擔下去，有一天關係就會不同。但是，一旦忍無可忍的暴怒噴發，其恨意會一次就把關係吞噬殆盡——彷彿大屠殺後，轉身踏著屍體離開的劊子手。

「媽寶男」的轉身，是在女人身上找母親，在母親身上找女神的歷程。也就是說，他們在女人身上尋找母親，但又對於女人的母親身分，或是母親的女人身分感到矛盾痛苦……於是，他們回頭尋找更大的母親，也就是「母性女神」。

跟前兩種男人一樣，媽寶男很快就會經驗到對親密關係的失望。不同的是：媽寶男傾向把注意力交互投注在「太太」與「媽媽」之間。這讓他們多了一個地方可以躲，形成另類的三角關係。

媽寶男轉身面向一個女人，也就背對了另一個女人，他們來回在兩個女人之間，無時無刻地尋找包容他的母親。

永恆少年的解方

那麼，永恆少年的解方是什麼？

《永恆少年：從榮格觀點探討拒絕長大》一書中提到，榮格想出了永恆少年的解方以後，隨即質疑自己：「眞是如此簡單嗎？」

答案是，工作。

這確實是讓永恆少年感到窒息的答案。就如同《愛情，突如其來》的男人說：「當時的我，終日煩躁，盲目地勞動，然後就這麼邁向死亡。我以爲，這就是我的餘生了吧。」

工作，眞的是解藥嗎？

當永恆少年走入了中年

《關係攻略》的作者熊太行，曾提出一個有意思的問題。他說，美國社會普遍認知的「中年危機」是四十歲。然而，華人卻更在意三十歲。一個家族可以在小孩三十歲以前「合法逼婚」，過了三十五歲，「什麼時候要結婚？」的聲音會逐漸減少。

三十歲、四十歲差了整整十歲！如果中年的定義可以說改就改，中年危機真的存在嗎？沒想到，熊太行又提問：「一些人會在二十五至三十五歲突然沉迷於健身、跑步、潛水等各種以前沒有嘗試的活動……」「如果沒有中年危機的話，又要怎麼解釋這個現象呢？」

中年危機的恐懼

我們對中年危機的複雜感受，就像開車時遇到超速照相。有些人覺得自己好像沒被拍到，有些人則會收到罰單。雖然害怕自己會被抓到，卻總有一點僥倖地認爲：「我應該是那個不會有事的天選之人吧？」直到收了罰單，才又挫折又生氣地抱怨：「爲什麼連這都要拍!?」

中年危機是我們極力避開的恐懼，雖然這句話聽來有點弔詭。如果「中年」是人生必經的發展階段，我們又要如何迴避呢？這跟人性有關。面對未知的恐懼，我們會傾向不去想、不去談、甚至不去接觸任何會引發類似感受的事物。這樣做，是爲了讓我們有安全感。

那麼，中年危機的恐懼到底是什麼呢？我認爲，可以分成以下三種：

1. 害怕失去

中年擁有的資源，是用時間交換的。比如有些長大成人的男孩，會感嘆「小時候沒錢買電玩，長大沒時間玩電玩」。我曾在 Switch 討論區看到一則留言，那位網友說：「小時候玩了太空戰士X，覺得一定要娶Yuna（遊戲女主角）這樣的女孩子。長大卻發現像Yuna的女孩子都有病，都會管自己不要玩遊戲，一天只玩個一小時也不行……」

從少年來到中年，我們會經歷到一系列的失去：

責任多了，時間少了。

肚子大了，野心小了。

行事曆滿了，理想卻空了。

於是，中年似乎意味著一連串不停歇的失去，這讓我們「我長大以後一定要……」的魔法，突然間就失效了。於是，有些人嘗試對抗這令人喪氣的發展。

2. 害怕老去

健身、瑜珈、潛水、鐵人三項或是環島旅行。熱衷「突破舒適圈」的人有兩種。一種大概二十歲出頭，透過這些活動探索世界與自我，另一種則是發現時間有限，再不做這輩子大概沒機會做的中年。

你什麼時候發現自己老了？我學姊的回答很具體，甚至有點怵目驚心：「當我發現半夜吃雞排吃宵夜，不再像念大學時都不會胖，第二天還可以早八時，我不得不承認，我老了。」

以前玩樂團的時候，樂器行總有一些快禿頭的大叔，拿著昂貴的電吉他練團。那時不懂，只覺得這些人愛嘴砲、又不強，沒事還愛說教個幾句，要年輕人把握當下什麼的。到了現在才懂。他們不是在對我們說教，是在和年輕的自己對話。

3. 害怕死去

中年的第三個挑戰，是意識到「我還沒長大，爸媽就老了」。爸媽隨歲月老去的現實，隱含著有點恐怖的訊息：終有一天，我們即將面對死亡。雖然，唯一能夠確定的是我們終究會死，但死亡到底是什麼？沒人能活著回答我們。

於是中年的「危機」像是意識到「終點」就在不遠處，卻又不知道還剩幾公里——也許轉角彎過去就不小心跨越終點線，又或者還有一段漫長、規律而無法停下的四二．一九五公里要跑。

正因爲如此，中年危機隱含著另一種恐懼，是「難道我從來沒有好好活過？」的空洞感。

未曾活著的空洞感

大人學的 Bryan 說過一個故事。他小時候熱愛摺紙，收藏了許多特殊材質、顏色與花紋的色紙。然而因爲這些色紙太珍貴了，眞要摺紙的時候反而捨不得用。最後都選一般的色紙來摺。這些漂亮的色紙就被放在鐵盒中，當成精品來收藏。有一天，家裡來了小朋友。那孩子竟然把他整盒的色紙拿來摺，還摺得很開心！那一刻，Bryan 沒罵他，也沒把剩下的色紙搶回來——他把整盒色紙送給了這孩子。

當我們意識到失去、老去與死亡，也就是意識到「終點就在眼前」時，許多人會突然有一種「我就要死了！我這輩子到底在幹嘛啊？」的焦慮感。這份焦慮感，一方面是意識到自己「沒有好好活」的空洞，另一方面又害怕看見這個事實。不過別誤會了，所謂的「空洞」，並不是說這些人懶惰。

相反地，許多在中年意識到空洞感的人，都曾是相當努力、勤奮的少年。他們就像是把珍藏的色紙藏在鐵盒，或是把便當裡的炸排骨、大雞腿留到最後吃，卻沒想到，才剛皺著眉頭吃完了青豆、蘿蔔，旁邊一隻野狗就「刷」地跳了出來，一口把你便當裡的排骨給叼走！

正因爲如此，許多面臨中年危機的男女，會感覺到「被背叛」，但又說不清楚是誰背叛了自己。無法復仇的背叛會讓人很不甘心。不甘心，則是「叛逆」的燃料。於是，這火力十足的不甘心，讓中年危機變成了「中年叛逆」。不過，中年畢竟是比較懂得算計的年紀了，通常不會像「中二叛逆」那樣橫衝直撞。於是，中年叛逆就成了「中年透氣」。

從中年叛逆到中年透氣

男人的中年透氣，除了喝好酒、打場球之外，找個仰慕自己又不會嫌東嫌西的年輕妹子，不管是訴苦還是上床，或者上床完訴苦、訴苦完上床，也是屢見不鮮的現象。

在此，永恆少年（幸運或不幸地）占據了相當大的優勢。充滿才華的大叔總是迷人，身邊不乏仰慕他的紅粉知己。紅粉知己可以是品味藝術的同好、談心訴苦的對象，卻也可能品著品著，就品上了床。

有些讀者看到這，可能會想（請息怒）：永恆少年過那麼爽，到底有什麼好透氣的？我的答案是：**透氣，是為了呼吸。因此，要了解永恆少年的「中年透氣」，就要發現是什麼讓他「無法呼吸」**。

前面提到，面臨中年危機的人，常常感到被背叛，但又無法指證是誰背叛了他……其實，背叛者也不是眞的無法被指認。只是就像許多恐怖電影的結局一樣，那無情地背叛者，不是「命運」就是「自己」。

被「命運」背叛，說的是：有些事情回不去，就是回不去了。每個人一生中都只有一次十八歲，都只有一次初吻。生命中遇見的「那個人」，走了就是走了，變了就是變了。

然而年少的遺憾、錯過與失落，卻常常揮之不去。根據失落心理學的看法：回不去的遺憾，需要哀悼。哀悼，就是一次又一次地看見與承認：我就是失去了、沒有了。

然而，哀悼是痛苦的，因爲要面對人生「空」了一塊的殘酷現實。爲了不那麼痛苦，人類有時候會透過否認、補償、討價還價等方式，把自己活成「彷彿那些美好還存在」的樣子。於是，事情就麻煩了。

村上春樹的短篇小說《東尼瀧谷》中，主角東尼瀧谷喪妻以後，從不整理妻子留下的衣帽間。他甚至徵求了一位跟亡妻身形類似的女人，付她薪水，請她穿著妻子的衣服上班。

然而，當那女人因爲從來沒看過那麼多漂亮的衣服而忍不住哭泣時，東尼瀧谷意識到了他人生中的「回不去」——回不去了，就算是跟亡妻再完美相符的身形，那女人依然不是他的妻子。

小說是這樣結尾的：「……東尼瀧谷這回眞的變成孤伶伶孑然一身了。」雖然小說結束了，但東尼瀧谷的哀悼，在整理好亡妻的衣服之後，才正要開始。

被「自己」背叛，說的是：對於過往選擇的後悔。後悔，會讓我們進入一種幻想：「如果我做了另一個決定（當時如果沒結婚、如果有出國、如果奮不顧身地追上去），事情會不會就不一樣了？」

難以哀悼的後悔有時候會變成在潛意識中不斷重覆的「自我補償」或是「自我懲罰」。

藤子不二雄的ＳＦ短篇集中，有一篇談的是「平行世界的我」。故事中，「我」接到了邀請函，參加來自不同平行世界的「我們」的聚會。身爲一般上班族的「我」，很羨慕那個決定成爲作家的「我」。於是，兩人決定交換人生。

當然，不是什麼快樂的結局。原因在於：當我們帶著「補償」或「懲罰」的心情，來彌補過去年少的匱乏，這會帶來一種「分裂」的狀態。一個部分的自己了解現實回不去了，另一個部分的自己卻彷彿現實不存在。

因此，有些外遇的男女會說「我眞的不知道我當時怎麼了⋯⋯」雖然，有些人的確是藉此話術蒙混過關，但有些活得很分裂的人，是「眞的不知道」自己怎麼了。

因爲，那時候的他，在另一個世界。

工作，真的是解藥嗎？

我在前一小節「永恆少年的女神崇拜，爲何終究會幻滅？」提到，榮格覺得自己找到了永恆少年的解藥，又隨即質疑自己「工作，就是解藥」這個答案，眞有那麼簡單嗎？

其實，就如同「中年透氣」是爲了呼吸，不是擺爛。永恆少年不是懶惰不工作，而是無法在無趣的時候，仍然持續不斷地工作。因此，永恆少年的解方不是工作，而是能夠「持續走下去」。

電玩《女神戰記》中，引用了北歐神話的女武神形象。女武神是以戰場上的烏鴉爲靈感。人們想像英勇戰死的靈魂，會受到女武神的邀請進入主神奧丁的英靈殿（當公務員）。在那裡，每天都有無盡的美酒與食物，戰士們將持續地訓練，爲了即將到來的「諸神的黃昏」而預備。

在《女神戰記》中，願意跟著女武神走的英靈，都需要先完成人世間的遺憾。像是要對家人說抱歉，跟愛人好好告別，或是向朋友坦承謊言等。當人間的遺憾被完成時，女武神總是會說一句話：「一起走下去吧。」

永恆少年的落地，就是讓雙腳「走」在地上。

因爲是用走的。走太多小腿會酸，一天無法走太久。

因爲是用走的。身上背得有多重，在路上就有多累。

因爲是用走的。如果目標太遠走不完，又折不回來，那就麻煩了。

因此，要開始學會計畫、訓練自己的腳力，同時也接受自己是有極限的。

在落地的旅程中，爲了建立適當的陽性力量，會需要尋找教練（象徵性的父親）。這一步對永恆少年來說，特別挑戰。前文提過，他們習慣與女性相處，陰柔的特質，也讓他們在女人堆中備受歡迎。然而，男人在長大成人的過程中重新建立與其他男性（陽性）的健康關係，也是同等重要的。畢竟永恆少年到了中年，也會成爲許多人的「父親」。無論那是血緣的生父，是職場的上司，還是人生的前輩。能夠同時擁有健康的陽性與陰性，是心理成熟的指標。

所謂的中年危機，不一定是三十或四十歲這些數字本身。而是在進入人生的下個階段時，突然發現自己卡在「少年」與「中年」之間，動彈不得。

此種「過渡到人生下一個階段的困難」，才是中年的「危機」所在。因此就算是二十五至三十五歲，看起來離中年還很遠，也不代表沒有危機。當我們想要持續前進，卻卡住而動彈不得時，就是危機之處。

不過，就像那句老話：「危機，就是轉機」。

所謂的轉機，如同「伊卡洛斯」的神話。伊卡洛斯戴上蠟製的翅膀飛翔天際，卻因爲太靠近太陽而墜落。不過在這個故事中，有一個重要的角色常被遺忘，那就是伊卡洛斯的父親，也是爲兒子製作翅膀的天才工匠，代達羅斯。

在 Charles Paul Landon 於一七九九年繪製的畫作《伊卡洛斯與代達羅斯》中，正值少年的伊卡洛斯迫不及待地想往前飛，中年的代達羅斯則謹慎地伸出雙手，確保兒子不會失去平衡。

所謂的轉機，或許是從那個無畏飛翔的少年，轉為懂得畏懼現實、仍持續走跳人生的中年。

永恆少年的成長之路(以及我該如何幫忙他?)

「成長微妙之處就在於放棄特定的假象，但是卻不變得憤世嫉俗。」

——Marie-Louise von Franz《永恆少年：從榮格觀點探討拒絕長大》

長不大的男孩，有兩種人設

這是心理治療師羅伯特．葛洛弗（Robert Glover）在其著作《毒性羞恥》（No More Mr. Nice Guy）提出的看法。

第一種人設，是「**心虛壞小孩**」。他們心中的吶喊是「我很壞」、「我很糟」、「我不值得被愛」。於是，他們努力地變成一個「好」小孩。討好、貼心、求認同，爲的是掩蓋背後的「自卑」。

第二種人設，是「**完美好小孩**」，他們沒有那麼多黑歷史，但心中依然懷疑自己是否夠好。爲了掩飾這個不安，他們盡可能地做「對」每一件事情，搞懂所有的規則，絕不讓自己犯錯。就算被人發現了任何一個缺點，也會立刻表現出「沒問題，我可以改」的良好態度。

永恆少年有可能是沒自信的壞小孩。乞求另一半的認同，卻從來不肯承認自己的慾望與需要。也有可能是偶包重的好小孩。太害怕犯錯，於是很難討論交流，好像雙方意見不同，就會害他一世英名毀於一旦。

永恆少年會人設崩壞，通常是因爲「**明明有，卻不承認**」的壞習慣。比如說：

好色，但又不承認。明明想要靠近、想碰對方的身體，嘴巴卻說「我沒那個意思，我們只是很好的朋友」。

懶惰，但又不承認。明明就是想被照顧、想要別人讓他，卻又強調自己很強，我都可以自己來（最後卻做不到）。

生氣，但又不承認。明明需要自己一個人獨處的時間，卻又死不承認，宣稱戀愛就是爲了對方犧牲自己，才能當個情人（結果陪女友的時候，都在生悶氣）。

明明有，卻不承認，就會假假的。

被遺棄的恐懼，與男孩的羞愧感

永恆少年爲什麼難以承認自己的「想要」呢？**因為恐懼**。

格洛佛提到：長不大的「好男孩」心中，有一種深層的恐懼，是害怕被遺棄。害怕被遺棄的男孩，會不斷用羞愧感鞭打自己、提醒自己「你才沒那麼好」。

這是因爲羞愧感在說的是：「如果我做自己，就會被別人發現我是很差勁的人。然後，我就會被所有人遺棄。因爲沒有人會愛這樣的我」。男孩之所以要不斷用羞愧感攻擊自己，其實是爲了保護自己不被遺棄。

如果做自己，就會不被愛，那麼就要不斷告訴自己「我根本沒那麼好」，提醒自己很爛、很丟臉，要戒慎恐懼、不斷改進，才不會「被不要」。用羞愧感保護自己的手段之一，就是「自我批評」。也就是說，當男人感受到被遺棄的恐懼時，他早就在心裡把自己怪死了。

在「羞愧感」和「自我批評」的不斷夾攻下，男人的內心就像一顆膨脹的氣球——吹飽了滿滿的氣，禁不住別人戳他。這時候，任何的批砰指教都會讓男人腹背受敵。撐不住自責、羞愧的內外夾攻。於是就有了解離、轉身與翻臉（暴怒）的歷程。這正是永恆少年的人設崩壞，也真的變「壞」的那一刻。

永恆少年的成長之路

彼德．沃克（Pete Walker）在《如果不能怪罪你，我要如何原諒你》中，提到了因應「羞愧感（毒性羞恥）」的方法之一，是透過怒吼、攻擊、怪罪等方式，縮小羞愧感的侵門踏戶。

相對於疼惜自己、愛自己等「陰性法則」，如此有力量地對抗傷害自己的毒性羞恥，適當地保護自己不受情緒驅使，則是「陽性法則」。永恆少年的內在，有豐富的陰性能量（想像力、創造力），卻少掉了陽性力量。陽性力量的正面是勇氣、紀律、力量與領導力，反面則是攻擊性、毀滅、殘酷與掌控慾。

格洛佛提到，許多長不大的「好男孩」，會把「陽性」和「壞」、「殘酷」、「不尊重女生」連在一起。他們相信，只要壓抑自己的陽性能量（要隨和、不生氣、順著對方），就可以得到女生的認同。

不過，「好男孩」也失望地發現，許多女生似乎更受「壞壞惹人愛」的男人吸引（看總裁系列就知道了）。也因爲如此，永恆少年要從長不大的男孩轉變爲男人，需要跟自己的陽性力量接觸。

重新長出陽性的力量

要長出陽性力量，就要承認自己的慾望。

許多永恆少年和父親有著糾葛的議題。他們從小看到媽媽受爸爸的暴力、疏離或不負責任所苦，於是爲了不要變成像爸爸一樣的「壞男人」，他們拒絕長大。

然而，承認自己的慾望，並不壞。壞，是壞在用暴力、羞辱或操弄的手段，來滿足慾望。同理，因爲喜歡一個人，而想要追求她、擁有她、征服她，並不壞。壞，是壞在明明想要又死不承認，自願付出又期待回報，也就是「口嫌體正直」的態度。

慾望被壓抑，行爲就會扭曲。行爲扭曲了，三觀也會跟著錯亂。

因此，永恆少年反而要學會「直」一點，更直接地看見、面對與承認自己的慾望。也要了解人就是會月慾望，像是好色、主導或征服的慾望，這並沒有什麼好丟臉的。畢竟，能夠有限度地衝動，才不會眞的失控。

最後，不管是男人（或男人的另一半）都該知道的是：沒能好好長出陽性、慾望與攻擊性的男人，很容易掉入「中年危機——中年透氣」的迴圈。如同 Marie-Louise von Franz 在《永恆少年：從榮格觀點探討拒絕長大》所言：「……這樣的男人會突然變成憤世嫉俗且讓人大感失望的老男人。他的聰慧轉成憤世嫉俗，從他的年紀來看他也已經過老了，對任何事都不再相信也沒有興致。」「……接下來，金錢、企圖心以及與同事間的掙扎變得重要，與年少浪漫情懷有關的其他事情都消失一空。常見的還包括在這樣的男人臉上會看見苦怨的表情。」

我的男人是永恆少年，我該建議他找諮商嗎？

要不要建議另一半來做諮商呢？這是個令人感到兩難的好問題。

也許，當妳閱讀完了永恆少年的系列文章後，對另一半的成長有了更多瞭解，可能會心疼、會擔心，想爲他做點事。或許也想爲你們的關係幫點忙。妳的動機我可以理解。不過，要有心理準備的是：一旦男人長大了，也會變得「難搞」喔。

男人的心理諮商，通常會循著一條成長之路：**找回感覺**、**發現需求**、**鞏固自信**。有自信的人，就是擁有「自我」的人。擁有「自我」的男人，心理更健康了，也會更有主見。有主見的意思是：他不見得每件事都會聽妳的。因爲，有自信的男人會有自己的想法，而且不怕跟妳不同。

當然，個別諮商的目標，不是把妳的男人變得自我中心。不過，許多人在經歷心理諮商的第一階段（大約前十二至二十次），慢慢找回自我與自信的過程中，都會讓身邊的人有點不適應。家人或另一半常在心中嘀咕，或是直接跑來跟心理師抱怨的是：「來諮商後，他心情是好一點沒錯……但怎麼變得那麼難搞？」

我的回答是：「是啊，有稜有角有個性的人，本來就不容易相處。」

我常跟想介紹家人朋友做諮商的來訪者，半開玩笑半認真地說：「妳要確定欸！我們心理師不會幫妳調教男友喔……」

「坦白說，心理諮商，更像是『難搞訓練營』。」

「不過，這樣做的好處是：有稜有角的人，比較直率，也比較有自信。」

佩淳的故事
解答篇

往前走的我，決定過上不同的生活

在來諮商前，佩淳就很清楚：男人跨過了她的底限。對佩淳來說，不管對方有什麼理由、苦衷，外遇是她絕對不能接受的一件事。

不過，佩淳的困惑在於：該什麼時候攤牌？什麼時候離婚？這麼做，又要付出什麼代價？（特別是婆婆天天打來哭，幫兒子求情。）

於是，心理師跟佩淳的諮商工作，特別專注在：看懂雙方家庭的階級地位，而不只是道德層面的對錯。

心理師告訴佩淳，媽寶男是一組家庭關係的複雜產物，而不是一個單純的爛人。透過家庭系統的探索，佩淳發現了他的男人，其實是一個被原生家庭慣壞、根本長不大的男孩——也就是拒絕長大的永恆少年。

這拒絕長大的男人，不想進入一段「過生活」的成人關係，反而找了一個小女友。對他來說，當小孩的關係比較「輕鬆」，因為不用負責。當佩淳看懂這點，便清楚了：這段關係不是自己要的。

接下來，這本書會進入第二階段：從相愛，到相處。

在第二階段，佩淳需要能夠面對婆婆的指責、施壓與情緒勒索。關於這部分，佩淳可以參考第四章寫到的：「與媽寶男分道揚鑣前，妳需要思考的26件事」，從「關係面」與「現實面」思考：分開的過程，會需要面對哪些壓力。

此外，面對婆婆打電話爲兒子喊冤，甚至可能把她抹黑成「不近人情的壞女人」。佩淳可以參考第四章的「我討厭他的媽寶樣，但又離不開這段關係，該怎麼辦？」，進一步了解與婆婆交手時，該有什麼心態（不管最後決定分開，或不分開）。

面對夫家的指指點點，佩淳大概不會太好受。甚至有可能因此動搖，覺得「一切都是自己的錯」。對此，佩淳可以閱讀第六章「公主王子的成長法則：逆女篇」，練習看懂「自私」這個罪名枷鎖，是如何與「自己」緊緊綁在一起的？

一次又一次的覺察，是爲了看清關係的眞相，爲了「解鎖」情緒勒索，也爲了走出自己的人生路。

家齊心理師的三個小提醒

1. 渣男有三種，分別是：忽略責任、逃避面對，與隱藏版的永恆少年。他們共通的特色是「有兩張臉」。一張臉，是妳平常看見的他；另一張臉，是壓力、慾望來襲時，妳逮到的他。

2. 永恆少年是一種特別複雜的男性心理。原因在於：永恆少年「拒絕長大」的特性，可能會讓他在「關係線」像是媽寶男，在「慾望線」則成了渣男。

3. 永恆少年的背後，也總有個媽。只是這個媽，不見得是生他的親媽，也有可能是協助打理男人一切生活、社交、經濟的女人。在這兩個女人之外，永恆少年的心中總是尋覓著一位兼具「母性」和「神性」的女神。

Chapter 4

To Be or Not to Be?

要分手還是忍受？

That's the question.這正是問題所在。

爲了解決這些問題，這一章提供了協助妳判斷、處理親密關係的工具箱。依照妳與對方親密關係階段的不同，我提供了四篇文章，作爲關係中的四張參考地圖。

「媽寶男分級表」，是協助妳判斷「三人關係」（妳、男人、婆婆）的現況。瞭解目前的關係中，哪些人可動？哪些不可動？以及最重要的：妳是否決定要動？不是所有的媽寶男都要立刻斬斷（特別是妳愛他）；但有些媽寶男，毫無疑問地會把妳拉入泥淖，一旦發現了，最好快逃（就算是妳愛他）。

「媽寶男對我這麼過分，爲什麼不建議一律分手」，是提醒妳不要掉入「愛一個，氣一個，再換一個」的感情鬼打牆。沒錯，媽寶男有些行徑很過分，讓妳很委屈。但委屈以後呢？是要求全？或是放生？人生，絕對不是一句「氣到分手」就能輕鬆解題的。

「我討厭他的媽寶樣，但又離不開這段關係，該怎麼辦？」則是在討論，如果決定與媽寶男走下去，勢必得作答的考題：妳該如何與婆媽交手？請記得：許多難解的婆媳問題，也是另類的母女議題。

看到「與媽寶男分道揚鑣前，妳需要思考的26件事」，妳可能會困惑「不就是分或不分嗎，哪來這麼多要注意的？」沒錯，如果今天只是男女朋友談感情，雖然分手還是有可能會分得轟轟烈烈，但「合則來不合則去」的基本原則，大抵上還適用。不過，今天如果妳與媽寶男已論及婚嫁，事情就是會這麼複雜。

原因很簡單：我們講過，交往時，媽寶男背後已經自帶一個媽、形成三角關係了。一旦論及婚嫁，婚姻在我們的社會中，仍然是兩個家的事情。從「三角關係」到「兩家聯姻」，解題難度自然大幅躍升，要考慮的細節也跟著變多了。

看到這，有些人可能會想：「啊，媽寶男這麼麻煩，我是不是乾脆嫁給孤兒算了？」真的這麼簡單嗎？對此，請讓我賣個關子，先從「柏睿的故事（疑問篇）：等等，如果我拒絕媽寶，嫁給孤兒呢？」開始看起。

旅途愉快。

媽寶男分級表：如何判斷我身邊的媽寶男，是否還有救？

要判斷媽寶男的嚴重度，就要「同時」觀察這個男人與他的媽媽。不要忘了，媽寶男是一段「關係」。既然是關係，就需要同時看懂關係中的每個人。

一、男人的退化程度

首先，要看另一半當「媽媽的兒子」時，到底有多退化？所謂的退化，就是當小孩。小孩是很自我中心、衝動但又膽小的生物，他們做起事來不管後果，被人罵了又會亂發脾氣。當一個男人去當「媽媽的小孩」，這些特色就會出現在他身上。

所以，判斷媽寶男嚴重與否的第一步，是要觀察：提到跟媽媽有關的事情時，他會變成幾歲的小孩？

如果變成了十四到十六歲的青少年，媽寶男可能是一方面討厭媽媽囉嗦，另一方面又拗不過她，只能邊抱怨、邊臭臉地順著媽媽。或是，他有可能退化成四至六歲的孩子。平常是個大人，但只要媽媽一通電話，就變成「努力做好」的小朋友，想要拿到閃亮的星星貼紙。

也有些媽寶男，像是一歲以前的嬰兒。這個說法聽起來也許有點嚇人，但有些男人就是會在心理上與媽媽「共生」，退化到你儂我儂、不分你我的程度。研究母嬰關係的心理學指出，嬰兒在剛出生的時候，沒有「我」跟「你」的概念，所以媽媽是我的一部分，我也是媽媽的一部分，母子倆形成了「生命共同體」。

二、婆婆所扮演的角色

第二步，則是要觀察：男人的媽媽，也就是妳的婆婆，扮演了怎麼樣的角色？

首先，要知道**男人的媽媽，把妳的男人抓得多緊**？這一點聽起來很抽象，但觀察起來並不困難。只要雙方家人有一起聚餐的機會，就可以看到另一半是怎麼跟他媽媽互動的。比如說：**男人的媽媽，會把她的兒子當小情人摟在身邊嗎**？當婆婆有需要的時候，她是先找兒子還是找老公？反過來說，當婆婆提出任性的要求時，男人的反應是什麼？是心不甘情不願？還是積極想做到？或是一副「這很正常啊她是我媽」的樣子？

這裡，還有一個關鍵的隱藏版，公公（也就是婆婆的另一半）。同樣地，在聚餐的時候，如果公公也有出席，請留意他在家中的位置（反過來說，如果公公總是「缺席」家族聚餐，也反映了一些重要線索）。例如：這個家決定事情，是以婆婆爲主、還是公公爲主？婆婆會尋求公公的支持或協助嗎？如果公公沒有存在感的話，婆婆就有很大的可能性，會抓著自己的兒子不放。

三、兩人之間的關係模式，能否調整？

第三步，才是回到你們兩個人之間的溝通。

簡單來說，媽寶男是一種人格特質。人格，有一部分是在關係中形成的，所以必須先看懂關係，才有辦法判斷人格。回到你們之間，需要判斷的就是：對方有多固執？

固執有三種：一種是因爲「太害怕」而固執，一種是因爲「學不會」而固執，還有一種是「不想改」，所以固執。以下用前述的「台灣女子圖鑑」，將男人的固執，和女人的個性，組合成關係模式來討論。

1. 太害怕的男人，與大女人

「太害怕」而固執的男人，通常是家裡的「乖兒子」。父母一聲令下就腦袋一片空白，傻傻地把「聖旨」傳給太太。太太自然會覺得，這個男人好沒有擔當，跟著婆家一起欺負自己。

太害怕的男人，需要「回神」。通常，他們不是眞的不挺太太，而是一旦自動化地當兒子，就忘了要當老公、當先生。這樣的男人需要另一半的提醒，讓男人知道妳也有爲難、有需要。

「大女人」在此特別容易犯錯。因爲她們容易在數落先生一頓後，用一種「我還能期待你什麼嗎!?」的態度，跑去把事情做完。這樣做之所以是錯的，是因爲這會讓男人從「怕」變「懶」。就好像因爲怕出國要過海關、講英文，最後就乾脆不出門，不然就是要家裡有人把一切都辦得好好的，才願意跟著出去玩。

更糟糕的是，有時候，這樣邊嘮叨邊幫忙，做久做習慣了，女人才發現：我怎麼成男人的另一個媽了？事實上，許多「大女人」的婆媳衝突，都是「兩個媽互嗆一個兒子」的戲碼。

解法：男人需要面對自己的害怕，女人是該提醒、該討論，但不該拿走男人的學習機會（即使妳心知肚明，妳來做比較有效率）。

2.學不會的男人，與少女心

「學不會」而固執的男人，是沒有學過如何處理「家事」的人。他們通常被原生家庭照顧得好好的，是所謂的「金孫」，但也被剝奪了學習的機會。對女人來說，這類男人有時候會講出很離譜、很白目的話，彷彿與妳活在不同世界。像是婆媳衝突已經很嚴重了，他卻對妳說：「我覺得，我媽對妳眞的很用心欸。」

女人聽來會受傷，也會覺得男人不挺自己。金孫之所以如此天眞，常常是因爲：他們被擋在家族的權力核心之外。如同慈禧太后垂簾聽政，前面的兒皇帝看似一朝之君、一國之主，但大小事同意與否，全看後面的老佛爺是否點頭。當然，小皇帝的視野與判斷，就會錯得離譜。

「少女心」類型的女人，特別容易踩到這個坑。原因在於：少女心旺盛的女人，渴望尋求白馬王子的依靠，然而許多「王子」背後都有一個慈禧太后。於是，談戀愛還沒關係，準備要訂婚、結婚之後，公主王子兩人面對上一代父母的夾擊，便顯得手足無措。

這時候，「少女心」的女人會感到強烈的失望，甚至有一種被騙、被背叛的感覺。畢竟就女生的立場來說，這段戀愛「內容與標示物不符」，原本以爲是一杯香甜的焦糖鮮奶茶，結果卻變成了苦澀的深焙黑咖啡。

解法：如果王子公主想要一起走得遠、走得好，就要學會一起長大，而不是期待神奇的魔法，或是另一半的拯救。

3.不想改的男人，與聖母女孩

還有一種男人，是「不想改」。不想改的男人，根本不覺得你們的相處有問題。事實上，他會這樣想，也不奇怪。我在學心理諮商的時候，聽過一句名言：「有動機來約諮商的，通常是比較痛苦的那一個人。」有些男人之所以不想改，是因爲他並不痛苦。

痛苦的，都是別人。

當然，不是所有「不想改」的男人都那麼無賴。有些男人嘴巴上會說他如何憂鬱、空洞與憎恨這個世界、討厭自己。但就身體上來說，倒是活得好好的，過得挺爽的，處處有人服侍、有人關心。

妳可能猜到了，「聖母女孩」正是這類男人的最佳拍檔。當女孩的憐憫、拯救之心升起，甚至掉入「只有我可以融化這孤寂心靈」的粉紅泡泡，就會很M地承受所有的情緒虐待，以肉身施救對方。

那到底誰還要改？

解法：家族戰場上，聖母女孩需要先救的，是自己。如果連自己都救不了，還想著要拯救對方，其實是在慣壞男人。

媽寶男對我這麼過分，為什麼不建議一律分手？

當「媽寶男」一詞開始流行，網友紛紛PO文求問：我男友這樣算是媽寶嗎？他有XXX症狀，算是媽寶嗎？男友確診媽寶男了，我該放生嗎？大家對「媽寶男」的擔心，彷彿是另一場大疫情。

許多網友會說，「遇到媽寶男，一律建議分手。」關於這點，我的看法有些不同。我不是說妳該隱忍媽寶男，但如果有風吹草動就「一律分手」，反而成了一種「愛情創傷」的慣性反應。

什麼是愛情創傷？

看過街上受傷的野貓嗎？

即使只是不帶惡意地走過去，牠只要感覺到妳的靠近，要麼弓起身子準備抓妳（戰），要麼就是一溜煙地跳進樹叢中（逃）。有些野貓在退無可退的狀態下（也許被人一把抓住），會像是假死般「癱」在原地（僵）。

戰、逃、僵就是我們受傷時的慣性反應，目的是爲了自保。創傷，會讓人產生「一朝被蛇咬，十年怕草繩」的情緒反應。也就是說，當類似於「會讓我受傷」的事件（草繩）發生了，我們的神經系統就會立刻啓動防衛機制（看到蛇）。

當神經系統持續處在高張的狀態，就好像駐守在前線的小島上，不知道戰爭已經結束的老兵。當任何人靠近這座島的時候，他就會立刻舉槍瞄準對方——

「媽寶男！」成了開戰的信號。

為何我不建議一律分手？

「感情的事，我一律建議分手。」這種說法雖然聽起來很帥、很爽——因爲有人替妳的委屈好好地出了一口氣。但，不見得是個負責任的說法。因爲，一律分手，就如同「一律開槍！」，是一種過度警戒的反應。

這一刻，愛情彷彿成了惡靈古堡般的喪屍片，只要發現他可能感染了「媽寶男」病毒，就立刻處決對方。沒多久，妳會絕望地發現：街上怎麼這麼多喪屍，殺也殺不完。那是因爲妳的神經系統進入了「戰逃反應」。戰逃反應的問題是，妳會過度專注在對方的「問題」、「缺點」與「惡意」，爲的是保護自己不要再次受傷。然而，親密關係有一塊甜蜜的部分，是可以享受在彼此面前當小孩的感覺。這時候，妳會覺得對方很可愛，而不會覺得對方幼稚、沒擔當。若只剩下戰逃反應，就無法玩在一起。

此外，過度專注在問題，會造成的「問題」是：妳會特別放大對方的缺點，進而看不順眼。但，如果看不順眼對方「當小孩」的部分，甜蜜就成了卑鄙，感情也就死了。如同張愛玲的《紅玫瑰與白玫瑰》：「娶了紅玫瑰，紅的變了牆上的一抹蚊子血，白的還是『床前明月光』；娶了白玫瑰，白的便是衣服上沾的一粒飯黏子，紅的卻是心口上一顆硃砂痣。」

那難道我都要忍耐嗎？

當然不是。但我會建議妳：不要「看到黑影就開槍」，這樣建議的原因有三：

1.時代考量

這個時代的陰柔男越來越多了。如果妳渴望男人溫柔體貼，凡事以妳的想法爲重，的確有很大的機率會遇到媽寶男。畢竟，擅於和女人相處，本來就是媽寶男的優點（媽媽就是女人啊）。

但如果「看到黑影就開槍」，只要發現男生跟媽媽靠得太近，太過貼心溫柔（或是沒主見），心中警報就大響——「他是不是媽寶男!?」這時妳不是在談戀愛，而是在抓賊。我會這樣說，是因爲「媽寶男」這個「標籤」，不是拿來給妳吵架的。

2.關於標籤

標籤不是用來吵架的，是用來理解的。

我記得在精神科實習的時候，每個禮拜四下午都要開科會。開會時，醫生、護理師、心理師以及實習學生們會聚在一起，確認病人的診斷。實習學生們（包括我），雖然努力躲在角落不被發現，有時候還是會被點名發言。

總是過度努力，又找不到訣竅的我們，爲了好好表現，於是背出一連串的診斷準則，試圖證明「我懂這個病人（我有念書！）」主治醫生聽了一陣子後，決定打斷我們，他說：「我在問的，不是他的診斷對錯與否，而是這個病人（的人生）要往哪裡去？」

同樣地，當妳從這本書、從網路或朋友聊天中學到了「媽寶男」的概念，重點不是回家痛罵另一半：「你就是個媽寶男！」而是，你們的人生要往哪裡去？

3.學習與否

爲何遇到媽寶男，我不建議一律分手？

妳的眼光，應該要穿過「媽寶男」的標籤，看見並判斷這個男人的能力、個性與心態，能否讓他學習和改變？否則，一碰到媽寶男就如驚弓之鳥，趕緊跳起來分手，是沒辦法從親密關係中學到新東西的。

殘酷的是：在一段關係中沒能學會的功課，總是會在下一段關係出現，要妳補課。命運就像是催繳作業的學校老師，妳這題沒寫完，就留下來寫，寫完才能往前。這就是爲什麼，有些人的親密關係像是鬼打牆，總是以爲這次會不一樣，最後卻發現結果沒兩樣。其實，眞正沒兩樣的，是沒能從中學到新東西的自己。

因此，妳要學，也要判斷另一半能不能學？要不要學？

4.「這樣不是很麻煩嗎？」

的確是麻煩，有時候也會厭煩，特別是兩人的關係即將（或已經）步入婚姻，難度更高，煩度也更高。然而，在我的婚姻家庭工作經驗中，不斷發現一件事情：親密關係有一個層面是「過生活」，過生活就是需要「磨」。一律分手的習慣，會讓妳無法學會：哪些人値得磨？哪些人可以磨？哪些人沒有辦法磨？

關於親密關係的大小事，要爭「對錯」很簡單，所以我們會上網求問、求公審，請「街坊鄰居」「網友鄉民」評評理，評的是：他是否不正常？還是我才不正常？這是一種尋求大衆眼光（平均値）認可的行爲。好像只要找到一個戰犯，發現誰該被怪罪（像是選舉時最愛講的「XXX不用負責嗎？」），問題就解決了。但不要忘了，接下來要跟對方一起生活的，不是Dcard網友，不是三姑六婆，而是妳。

並不是每一次對方不做家事、不合妳意，就代表他是媽寶。過度使用媽寶這個標籤，只會簡化了雙方在關係中該學的事情，甚至帶來對方被羞辱（因而暴怒）的後果。我不建議遇到媽寶一律分手，是因爲：只有「媽寶」這個答案，理由還不足夠。

我討厭他的媽寶樣，但又離不開這段關係，該怎麼辦？

讓我們打開天窗說亮話吧。

是的，有時候，雖然不滿意、很痛苦、也想抱怨，但我們就是會想繼續待在一段關係中，不管那是因爲恐懼、不捨還是沒錢。如果，你選擇待在一段痛苦的關係，至少要學會如何處理、應對，讓自己能夠在一次次的矛盾衝突中，盡量全身而退。（是個大工程！）

每個媽寶男背後，都有一個媽

首先要學會的，也是這本書反覆強調的：你要看見**媽寶男背後總有個「媽」**。

你的男人背後，其實有一股龐大的「女性勢力」！跟媽寶男交手，其實是跟他背後的女人（皇后）下棋。

所有的公主，在遇到王子之前，都要應對自家的皇后，也就是生母。如果身處大家庭，姑姑阿姨會插手管事，就要面對不只一個皇后娘娘。公主遇到王子以後，進入了甜蜜的兩人世界，會過上一段（彷彿）無父無母的自由生活。這份自由通常會在論及婚嫁時，宣告終結。

第二個皇后，是婆婆。妳可以說，婆媳議題是守舊，但也是現實。婆婆可以完全不管媳婦嗎？回答這個問題之前，也許要想的是：媽媽可以完全不管女兒嗎？別誤會，這不是什麼「因為女兒要孝順媽媽，媳婦也應該孝順婆婆」的道德教訓。我們討論的是「現實」。現實，很簡單也很粗暴，我們只問兩件事：「做不做得到？」以及「會有什麼後果？」。

除非妳的先生/男友本來就跟家裡鬧翻，早就老死不相往來。（進一步參考「如果我拒絕媽寶，嫁給孤兒？」）否則，如果妳的男人跟原生家庭關係不錯；妳反對婆婆，其實就是在反對「他的媽媽」。妳要如何讓妳的男人，同時孝順愛家、又反對他媽呢？

有些女生在交往初期，會欣賞男友的愛家。只是，她們想的是：我們以後成家有小孩了，他也會是個好老公、好爸爸，而忘記了：家有兩個，老家與小家。他的「愛家」到底是愛哪個家？

所以，可以完全不理婆婆嗎？答案是：不是不行（畢竟，有些人也不理自己的爸媽）。只是，一旦出事，就會出大事。

與婆婆交手前，先學會與媽媽交手

那麼，要如何與男人的媽媽交手呢？也許要先問的是：妳懂不懂得與自己的媽媽交手？關於這一點，自家年夜飯，是最好的檢驗機制。妳了解妳媽的脾氣嗎？妳能應對媽媽的無理取鬧嗎？妳們家的其他人，是會來幫忙，還是搞破壞？這是處理上一代女性的基本能力。有了基礎，才可以思考更複雜的婆媳議題。（婆媳更複雜，是因爲妳跟妳媽有血緣。跟婆婆只是嘴巴叫聲「媽」，雙方還是可以說斷就斷的恐怖平衡，有很大的差距。）

再來，千萬不要覺得妳先生/男友「本來」就應該打點好他媽媽，這樣想有點太天眞了。理想的狀況，是夫妻像「手足」一樣地站在同一陣線。有兄弟姊妹的人，可能都有過這樣的體驗：雖然平常打打鬧鬧覺得不公平，但父母出事的時候，兩個人會偷偷聚在一起，討論父母怎麼了？我們又該怎麼辦？

心理上，如果可以跟著先生一起當個「應對父母」的小孩，妳們兩個都比較不孤單。不過，這是理想狀況。現實中也不乏把太太丟給媽媽處理，或是幫腔媽媽修理太太的男人。這時候，就不是一起合作當小孩，而是一種「仗勢欺人」了。無論仗勢欺人的是婆婆，還是先生，妳接下來要想的是：要不要調教另一半，讓他成爲我的隊友？

妳是可以調教先生。不過，最好的調教是現實。因爲妳會心軟，現實不會。有些人，則選擇送先生來諮商調教。雖然不是最理想的方法——畢竟諮商不是冰塊盒，妳的男人也不是開水，不是倒進去就會有妳想要的形狀。但作爲關係快撐不住時的危機處理，或是接下來要談的「有無教化可能性」的評估，還是有點幫助。

吵現實，不吵定義

家人、夫妻、情侶吵架，很愛吵的是「定義」。**吵定義，就沒有在管現實**。

吵定義的意思是，「你這樣就是情緒勒索……」「媳婦就應該……」「老公就應該……」。定義吵不完，因爲定義就是「個人決定的意義」，意義，就是價值觀。價值觀無法爭辯，也難以兩全。就好像前述的「女兒要孝順媽媽，媳婦也應該孝順婆婆」這種話，也是一種來自社會文化的定義。

妳會因爲這種道德教訓而「歸順」嗎？過去的時代，可能會爲了被鄰里認同（或恐懼不被認同）而屈服。但，現在不是這樣的世代了。所以，妳要看懂的是：吵定義、吵道德教訓、吵「你應該……，才是……」都是不顧現實的道德戰爭。

當「溝通」是爲了「求認同」，「吵架」是爲了「不可以不認同我」，吵個三天三夜，還是哪裡都去不了。因此，就算老公搬出「我媽……」「妳嫁進來……」的聖旨，也不代表妳要爲了求人認同，就努力實現老公的期待，這是「過度忍耐」。但也不用一聽到這些話，就跳起來打臉他（喔，我希望不是物理的），看到黑影就開槍，則是「過度反應」。

記得，讓現實來說話。對許多台灣女性來說，要讓現實出場，就得少努力點——即使妳會害怕，怕不夠努力，就不被認同。

吵架有三寶：跳針、擺爛、慢一點

在諮商中，我常半開玩笑、半認真地勸告總是過度努力的女人們，要好好掌握這「三寶」：跳針、軟爛、慢一點。

「**慢一點**」雖然擺在最後，卻是第一個要顧的事情。我常說「不要讓妳的努力，衝得比妳的理智還快。」有時候為了求認同而做出的行動，像是隨口答應下來的聚會（但根本不想去，更別說一人一菜這種複雜的事了），常會讓自己後悔個好幾天。

應對媽寶的另一半，也是一樣的道理。不要對方隨口說出「欸我媽……」就立刻跳入「過度忍耐」或「過度反應」的戰鬥模式。慢一點，先把話聽完，再看對方是隨便講講、還是認真的？真的太過份，再開槍也不遲。

再來是「**軟爛**」。軟爛的重點是先「軟」，然後才是「爛」。之所以要軟，不是要妳認輸，而是要妳「換個位置」。因爲，「硬」雖有好處，但也有兩個缺點：第一個是：硬的人，容易把人推開，最終孤立無援，這是「大女人」的致命傷；第二個是：只要有人負責硬起來，其他人就會軟，甚至是爛。

要確認妳的男人是否「有教化之可能性」，也就是能否「硬」起來顧全現實大局，妳必須先讓位。不然，要是妳比他還硬，比他有功能，什麼事都比他還主動，最後妳就跟他媽媽一樣，把他給寵壞了（說來悲哀，這現象很常發生在華人家庭中：兩個強硬的女人，配上一個軟爛的男人。這樣的男人，有時還眞「硬」不起來，無論是個性還是陰莖）。

最後是「**跳針**」。雖然前面說過「吵定義」是吵不出結果的，但妳還是無可避免地會被捲入這一類的爭吵。記得，吵定義的時候，跳針就對了。

妳可以運用一些「政治正確」（其實就是模糊而難以反駁）的句子來跳針，避免被抓到盲點。像是：「怎麼會這樣啊？」「這我也不清楚欸……」「喔～那我們可能想的不太一樣……」（提醒：記得語氣要軟，這些話硬起來也是可以很兇的。

另外不同場合、不同狀況，跳針的限度也不同。這就需要一對一的諮商討論了。）

跳針，還有一個重點。當妳跳針的時候，要同時留意男人的反應。他是眞的很焦急、撐不住媽媽的壓力？還是習慣亂講一通（反正妳會收拾善後）？又或者，他也眞的不把妳當一回事？這才是跳針的眞正意義。避開定義、語言「說了什麼」的模糊不清。直接觀察男人的行爲、反應，也就是「做了什麼」。請記得：**一個人做了什麼，永遠比說了什麼，來得重要**。

離不開的關係，需要學會處理。處理兩個媽，處理另一半，也處理好自己與別人的關係。當妳學會不動聲色地革命：處理家庭關係、保持心理距離，解開了女人被工具化的陋習，也請保持一份溫柔，不要強迫上一代跟著改變。畢竟，溫柔的革命是看清世事炎涼，找到自己的生存之道，而不是硬要殺得你死我活。

與媽寶男分道揚鑣前，妳需要思考的26件事

事前預備

1. 這是衝動分手（意思是，妳還是有可能回頭），還是深思熟慮的結果？
2. 衝動分手不是不行，但請做好心理準備：過了幾個月，一切可能又會「鬼打牆」。
3. 想通了，就不要吃回頭草，否則所有事情只會在半年後重來一次。
4. 如果這是妳深思熟慮的結果，是否已經盤點好結束的「後果」？
5. 除了上述的後果，有兩個面向要考量：關係面、現實面。

關係面（夫家）

6. 關係面，要想的是：你們是否已經結婚？有沒有小孩？
7. 還沒結婚的話，分手會容易一點，但要小心對方的苦苦哀求——「妳不要走，我一定會改」。
8. 有些媽寶男會搬出媽媽來求情。這樣做，通常會加速毀滅關係。若妳確定停損，這個狀況比較單純。
9. 有些媽寶男則會自己出手挽回，無論動之以情，還是情緒勒索。
10. 原則只有一個：想通了，就不要吃回頭草，否則這場爛戲只會在半年後重來一次。（請見 3.）
11. 原因也只有一個：嘴巴說要改，身體卻沒動，就跟宣告減肥完就躺在沙發上吃洋芋片，沒有兩樣。
12. 如果妳們結婚了，就需要多考慮一點。因爲：結婚看似是兩個人的事，但必然會驚動到兩個家，妳是否準備好應對婆家與娘家的「關切」？

13. 夫家這邊，可以想像的是：媽媽必然會護著兒子。所以妳會被攻擊、被抹黑，差一點的話，會傳到鄰里之間。

關係面（娘家）

14. 很多人忘了考慮的，是娘家。娘家支持妳離婚的決定嗎？妳的父母會有什麼反應？她們是否勸和不勸離？
15. 講直接一點：如果妳要結束婚姻，娘家是妳的避風港，還是另一個暴風圈？
16. 畢竟，有些人談戀愛時被溫柔體貼的媽寶男吸引，就是要補償自家的沒溫暖。
17. 若是這樣，要有心理準備，娘家不見得會是妳的支持，甚至會對妳酸言酸語、二次傷害。
18. 有小孩的話，是否談好小孩歸誰？有辦法談嗎？還是預備要打監護權官司？
19. 有些男人跟妳搶小孩，不是眞的想當父親，而是「他家」需要一個孫子。
20. 夫家那邊，媽媽必然會護著兒子。所以妳會被攻擊，差一點的狀況會傳到鄰里。妳是否在意？（與13.相同）

現實面

21. 現實面，要想的是：妳的經濟是否獨立，可以自己過生活？分手之後，有沒有家可以回去？

22. 再強調一次：妳的經濟能力，是倚賴另一半，還是能夠自己獨立？這一點務必考慮清楚，因爲「經濟現實」是對衝動分手最大的懲罰。

23. 妳們有房子嗎？房子是在誰的名下？房子就是家。如果這個家回不去了，妳的「娘家」，是否會歡迎離婚的妳「回家」？

24. 這些想通了，請誠實地面對自己：在情感、關係與現實層面，妳有多需要這個人？又多不能沒有這一段感情？

25. 除了自己沉淪多深，妳也可以配合「媽寶男分級表」，同步判斷對方是否無可救藥？

26. 所有的改變都是辛苦的，也都需要充足的動機、適當的策略、以及對等的替代方案，才能改得好、走得久。

最後的最後

如果這一篇讓妳特別有感，甚至，這就是妳目前在面對的複雜賽局，建議可以跳到本書的第六章「愛情、婚姻與家庭：我們這個世代的關係難題」與第七章「改變之路」，深入了解。

等等，如果我拒絕媽寶，嫁給孤兒呢？

這麼一來，感情問題就解決了嗎？

爲了撰寫媽寶這個主題，我在Dacrd潛水爬文許久。最近，我看到一則很特別的提問：「我老公的爸媽很早就離婚，他很獨立，也很少跟父母聯繫……請問，嫁給孤兒老公的我，是不是中了頭彩？」

這讓我想起了柏睿的故事。他不是我第一個遇到，遺失了人生的男人。

柏睿喜歡看七龍珠，小時候跑操場，學悟空在雙腳綁了沉甸甸的沙袋，跑沒幾圈腳就扭到。回家被媽媽罵了一頓，問他幹麼搞這些有得沒有的，他記得自己不服氣地頂了一句：「我在特訓……有一天，我就會變強了！」

但他終究沒能得到屬於自己的精神時光屋（那是七龍珠裡可以濃縮時間，「屋內一年，人間一天」的特訓設施）。

他在學生時代，嘗試過加入球隊，卻總是不被教練喜歡，也不知道一群男人聚在那看妹、講垃圾話，到底有什麼好玩的？

他想，也許屬於我的特訓，我的夥伴不在這裡，是在世界的某一個角落。只要找到夥伴，變得更強，就能遇見我生命中的女主角。於是，當大學同班的女孩怯生生地向他告白時，柏睿感到十分混亂（就這樣？我什麼都還沒做，這樣就行了？），還來不及想清楚，就答應了對方。

他們約會、做愛、同居、訂婚、爭吵、分手、又重修舊好……他仍在尋找自己的精神時光屋。出社會後，出於消遣也爲了合群，柏睿跟著同事下載了手遊。角色的等級不斷提升，遊戲裡的男女主角在花海中接吻，他看著AV呻吟的女體，一邊讓角色升級，一邊厭惡自己……

柏睿覺得自己的人生遺失了。「我根本還來不及變強，就已經長大了……」他把臉埋在雙手之間，不讓我看到他在流淚。

孤兒有兩種

孤兒有兩種，一種是物理的，一種是心理的。

物理孤兒，就像文中這位網友說的，也許是因為父母離婚、分居，或是很早就過世，使得小孩很早就要學會獨立，在沒有父母的環境活下來。至於**心理孤兒**的父母，他們人沒有眞的不見，但無法讓小孩充分感受到父母的存在。這樣的父母，可能是太過焦慮或是太疏離，不知道如何靠近孩子、照顧孩子。於是，與父母失去連結的孩子，把自己活得像是孤兒一般。

孤兒的特色是：

他做事獨立，自己負責，不用你管。

他的壞心情，也自己吞，不要你管。

孤兒的挑戰

孤兒的挑戰是「親密困難」。這類男人通常很有決斷力，很清楚自己在做什麼，但如果另一半想跟他分享感受，甚至碰觸他的脆弱，孤兒男很容易就會「當機」。

這樣的當機，雖然令人挫折，但也是可以理解的。想想看，如果你從小就沒有大人可以依靠，什麼事情都要靠自己，比如不會自己煮飯，就沒有飯吃，不把衣服拿去洗拿去曬，第二天就只能穿皺巴巴的制服去學校，等著被同學嘲笑……，你必然要學會一件事：「靠山山倒，靠人人跑，我只能靠我自己。」於是，孤兒學到「展現脆弱」是很危險的，就像是讓別人直接拿把刀，往你充滿臟器的肚子刺下去。偏偏親密關係的其中一個特色，就是情感交流，交流得越深，越容易碰到脆弱。

親密，就像刺蝟的擁抱

你可能已經聽過這個故事：兩隻刺蝟在寒冷的冬天，嘗試相互擁抱。然而，他們的刺又尖又長，一不小心就會弄痛對方，濺出血來。於是，他們一下子因爲獨處的冷，嘗試靠近對方，想感受溫暖；一下子又因爲被對方刺傷，而摀著傷口往後退，甚至憤怒地轉身，露出自己的刺。兩隻刺蝟就這樣一下靠近、一下疏遠，直到他們找到了雙方都可以接受的距離。

而我會說：孤兒這隻刺蝟，把自己柔軟的肚子收起來，緊貼著地面。即使，積雪的土地好冷，也渴望溫暖的擁抱，但流過太多次血的刺蝟啊，還是不敢露出自己的肚子。不然，又要受傷了……

孤兒男的心理分析：流浪的男人，要如何找到家？

天是亮的卻佈滿烏雲　所有焦距被閃光判了死刑
你想做什麼英雄　我看你不過是傭兵

——陶喆《黑色柳丁》

這一節，讓我們深入分析孤兒男的親密困難，有哪些類型。

國王與傭兵

身爲心理諮商師、也是靈性工作者的王理書老師曾經用兩種比喻來談男性，一個是國王，一個是士兵（傭兵）。陶喆寫的「傭兵」這個詞，再精準不過地描述了缺乏父親帶領長大的男孩，會如何迷失——這些男孩成了傭兵。

只要有人可以罩，只要看起來很屌，好像就可以無所不能。然而，他們的內心是空洞、甚至是憂鬱的（是的，你沒有看錯，心理學研究發現：男性的憂鬱症，很常會以「憤怒」的方式表現）。

雖然外表裝得很強悍，內心卻是乾枯的，但又害怕別人看見自己的弱小，於是在親密關係的考驗中，「被看見」或「被挑釁」的自卑脆弱，常常反過來變成自大暴怒，甚至成爲恐怖情人。

孤兒男的矛盾

心理孤兒的男人，有三大特質：

- 孤兒男沒有家，卻又渴望家。
- 孤兒男有親密困難，卻又衝動地尋求親密。
- 孤兒男渴望權威指導，卻又難以服氣權威。

流浪的孤兒，在找一個家

許多心理孤兒感覺不到「家」。他們或許有失能的父母，又或者雖然有家可回，卻從來感覺不到家的溫暖。這樣的孤兒男看似很神祕，常有一種憂鬱的氣質，但本質上是厭世的。

不過，在親密關係中，這樣的孤兒氣質其實很容易吸引另一半的「母性」（也就是前文提到的「聖母女孩」）。所謂的母性，有時是一種我稱爲「總裁系列」的幻想——「這個男人冷漠又疏離，好像誰也在不在乎——但是，只要有我的愛，就可以融化他冰冷的心！」

其實，孤兒男待在這種「愛的餵養」的關係中，是相當舒服的。有人貼心，有人照顧，還有人願意帶著滿滿的愛奉上一切。這時，戀愛的幻象或許也讓孤兒男在恍惚之間想著：「也許，我眞的可以找到一個家。」

然而，精神科醫師歐文．亞隆（Irvin D. Yalom）寫道：「好的治療師要對抗黑暗，闡明眞相，愛情卻需要神祕感，經不起檢驗——我眞厭恨當愛情的劊子手。」

是啊，我眞痛恨當他們的愛情劊子手。尤其是我眼前的男人，終於在一片烏雲的憂鬱中，笑開了一絲陽光，還跟我說他們預計下個月結婚……

等等，什麼？下個月結婚？

孤兒男的親密衝動

這就是孤兒男的衝動。當他們感受到了愛（或是有人願意跟他做愛），突然間那空了許久的黑洞，彷彿被填滿了。於是他們渴望更多的溫暖，期望更進一步的親密關係，能夠永久地把過去的洞補上。

然而親密關係的眞相是：愛情並非麵包，餓了就吃，吃了就飽——其實愛情比較像是蠟燭，能夠一瞬間點亮黑暗，也會被突如其來的風給吹熄，再次陷入黑洞。

在諮商室中的我，常常陷入兩難。我該對抗黑暗，或是指出黑影仍在嗎？或者我應該冒著未來的風險，陪他珍惜這段熱戀的神祕感？

「會有什麼風險嗎？」你或許會有疑問。風險在於，熱戀期的他們還沒有吵過架（而且就打算結婚了）。爲什麼沒吵過架是個風險呢？因爲，**情侶大吵如同溺**

水，瞬間會有淹沒、窒息的感受，從吵架到和好，則像是游泳，需要一次一次跳進水中，在不怕溺死的前提下，慢慢學會游泳……但別忘了，孤兒男是曾經溺過水的男人。

孤兒男的權威矛盾

許多在我諮商室中的男人，即使已經是三、四十歲的大叔，談起父母吵架時的樣子，聲音仍會微微地發抖，要花許多力氣才能把情緒控制下來。

其實，我不是反對這個男人戀愛結婚，我也很高興他有機會找到一個家。然而，當他搞不清楚這是大海還是游泳池，水深是一米八，還是那種站起來就吸得到氣的兒童池，他很有可能會在親密關係中窒息。

不過，以上這些話，很多時候只能擺在心中。因爲孤兒還有一個特色，他很渴望獲得陽性權威的認同，但又不服氣權威（以這個例子而言：權威＝身爲心理師的我，或是他們更偏愛的稱呼：「心理醫師」或「老師」）。

因爲在「父親缺失症候群」的影響下（詳見第六章），孤兒男在成長過程中，缺少了適當的引導、回饋與限制（這是陽性權威的三大功能）。許多孤兒男是靠自己的力量長大，得想辦法在沒人教、沒人帶，搞不好還有人唱衰的狀況活下去，因此，孤兒男的「權威矛盾」是必然的結果。

孤兒男期望獲得我的建議，但也希望我認同他的意見。如果我們臭味相投倒還沒問題，偏偏心理師這行多半得當愛情劊子手，當我委婉地說出我的意見時，孤兒男分成了兩個部分：一個部分的他看似有禮貌地感謝我的意見，另一個部分的他則是失望或生氣地跟我辯論起來。在諮商中，這通常是最重要的治療階段，我們稱之爲「此時此刻」。

好好吵架，就是好好親密

孤兒男常會在諮商中抱怨別人無法理解他。一開始，心理師通常會被當成唯一挺他的人，相安無事。當諮商來到三個月左右，雙方慢慢熟稔後，這種無法被心理師理解的感受就會發生在諮商室中，也就是前述的「此時此刻」。

如果這些不滿、抱怨與衝突可以當場好好討論、好好消化（不一定是誰對誰錯喔！），男人就能再多學會一點親密。其實，要能夠好好親密，就要能好好吵架。能夠好好吵架，也就是能在吵架中接住、消化彼此的情緒，孤兒男就不需要變成殘暴而六神無主的「傭兵」——空洞、暴力又無法靠近。

相對地，他們可以成爲家庭與自己生命中的「國王」，培養健康的陽性權威。擁有國土的他，有了足夠的自信與安全感，就不用在爭吵時馬上敷衍讓步，但也不用脅迫對方非認同自己的意見不可。也就是說：**當孤兒男能夠經營一段對等的關係，有了自我，有了國土以後，也就有了內心的家。**

柏睿的故事
解答篇

家，是「一起」接受現實，承認脆弱的地方

小說集《直男癌病史》中，有個角色「耀邦」，他著迷在高級應召與「甜心爸爸」的性愛遊戲中，同時處於一段自卑的婚姻。因爲他的岳父是政商圈的巨人。於是，這段看似人生勝利組的婚姻（有房、有車、有面子），在婚後成了龐大的陰影。

「……耀邦暗中惱怒他的父母是如此上不了檯面，從小到大他們還有臉一直跟他說要努力……」

「……那場婚禮比較像是岳父的婚禮而不是他的，他不過是個擺設。」

巨大的自卑感形成了困惑與空虛，也連帶影響了男人婚後的性與親密。「和妻的甜蜜和刺激在婚禮之後消失了，當然，他不能讓妻發現。有時候他發現自己面對妻卻硬不起來……」

柏睿的狀況，也是如此。

兩人的關係從愛情走到婚姻，男人的角色也從獵人轉爲園丁。一昧熱血特訓

的少年漫畫感逐漸消失，取而代之的是漫長的勞動與義務。

遊戲規則換了，柏睿無法從中知道自己是否「夠好」。同時，出社會後的責任與壓力，以及現實帶來的沉重感，也讓男人「懶」了。

有位熱愛玩遊戲的網友在臉書寫過一則留言：「小時候，是想玩但沒有錢買，長大後，是有錢但沒時間玩。」於是手遊課金，甚至放置遊戲，形成一種索然無味的升級；如同男人說不出口的性祕密。在這裡，他不用努力，也可以感覺自己很強、很屌、很得意。

即使，那只是暫時的勝利。

把人生找回來

柏睿眞正遺失的，其實是**接受現實、承認脆弱的能力**。

知易行難。妳要知道：「接受現實、承認脆弱」這八個字背後，有多少的自卑、丟臉與不堪藏身其中。脆弱是很危險的，於是男人乾脆假裝自己不在乎。只是，問題在於：越是倔強愛面子，拒絕承認脆弱的男人，內心越是弱得不堪一擊。就算有了「屋內一年，人間一天」的精神時光屋，若是練錯了方向，也是枉然。

承認脆弱不是示弱。示弱是認輸，是求原諒，也是敷衍。有些習慣示弱的「好男孩」，會在另一半生氣時反射性地安撫對方，當我問他：「爲什麼你要跟她道歉？你覺得你做錯了什麼？」男人愣了一下，回答我：「我不知道，我就是覺得我該這樣做。」

承認脆弱，是看見並說出「我因爲你的什麼……而感覺到什麼……」當然，這很容易被情緒激動的另一半聽成責怪。但只有一次一次不放棄地搞懂彼此，又不放棄自己，才有機會走向堅定有力的親密。

這是身爲男人的柏睿需要學會的另一種強壯——能夠看顧脆弱的強壯。

孤兒媽寶，各有好壞

如果說孤兒「沒有依靠」，媽寶就是「沒有自己」，於是他們各有各的難題。孤兒獨立，卻又倔強；媽寶溫暖，但是軟弱。這是光譜的兩端，也是世代的交替。

所以，嫁給孤兒老公，到底是不是中了頭彩？

或許，身爲另一半的妳，可以問的是：「我是否準備好，一起面對這個男人的『陽光面』與『陰影面』？」有時候，問題不在於對方究竟是媽寶，還是孤兒，而是我們願意跟這個人走多久，走多深。就像是剝洋蔥，每剝一層，那辛辣或許讓妳流淚，適當料理後，也會有它特別的滋味。

家齊心理師的三個小提醒

1. 孤兒行事獨立，不用你操心，卻也藏著祕密，惹得你擔心。
2. 孤兒最大的祕密，是他的脆弱。因爲「靠山山倒，靠人人跑，靠自己最好」。
3. 孤兒與媽寶，是光譜的兩端，他們有各自的「陽光面」，也有「陰影面」。親密，就是同時擁抱兩者。

Chapter 5

無法好好吵架，就無法好好做愛

小貞的故事
疑問篇

我們為何總是在吵一樣的架?

小貞覺得她的愛情總是在鬼打牆。不，或許更像是鬼抓人。

熱戀期三個月過了以後，小貞跟男友不斷爲了小事吵架。兩人吵架的劇情很類似，小貞從變臉、質問到尖叫，男友則是沉默、解釋、再沉默……最後，兩人邊哭邊抱著對方和好。

「其實，每次吵架的理由都差不多。爲什麼看到他的臉，我還是好生氣?」小貞來諮商時，困惑地問我。

「會覺得鬼打牆，是因爲你們正在經歷愛情的『冰與火之歌』。」

「冰與火之歌?」

通常，兩人感覺不開心時，小貞就會當發火「鬼」。她先是變臉，希望男友安撫自己，卻發現男友也在臭臉。於是，她開始大聲質問男友爲何不用心、不體貼，要把男友「抓」回來……男友依然沉默。

沉默讓小貞很恐懼，因爲她搞不懂對方的「不說話」代表什麼意思。於是，小貞開始酸男友，說氣話，甚至嘲弄對方，就爲了逼他開口，偏偏小貞的氣話是一句反話：「好啊，不然就分手呀！」

這句話成功逼迫男友開口，只是他一開口就是暴怒：「妳他媽到底要鬧到什麼時候！」兩人你一言我一語地吵起來，直到雙方都累了，再次回到冰冷的沉默。尷尬的是：這一沉默，冷掉的不只是關係，也是兩人的身體。

「心理師，我跟男友，其實很久沒有那個了。」

「有時候，我們沒吵架，氣氛也還不錯，但他總是找藉口……」

「但我知道，他還是會看A片，會自己來……」

「我覺得，他好像在躲我。」

「我們，爲什麼會變成這樣？」

那些「好」男人，為何這麼欠打？談伴侶之間的手足競爭

脫口秀演員鳥鳥，曾講過一個段子：「媽寶男這個群體非常奇怪。明明他們沒有犯法，但你總想制裁他。」有意思的是：如果媽寶男沒犯法，那是犯了什麼，讓他們被追打？

伴侶間的手足競爭

媽寶男其實是「乖」的。在華人社會的普遍定義中，顧家、孝順、脾氣好，是好男人的三寶。偏偏媽寶男這個「乖」，最後會變成別人眼中的「你得了便宜還賣乖」。

這是怎麼一回事呢？

我把這個現象稱之爲「手足原則」。有兄弟姊妹的人都知道，爸媽雖然嘴巴說要公平，終究還是會偏心。原因在於：爸媽無可避免地，會把兩個孩子拿來比較。只要一比較，有人好，就代表有人爛。同樣地：有人乖，就表示有人壞。

於是，媽寶男的「乖」之所以變成「你得了便宜還賣乖」，一方面的確來自媽寶男不常負責、不愛主導的壞習慣。另一方面，媽寶男身邊的另一半，也會經歷到如同「手足競爭」的衝突。

這也是許多遇到媽寶男的人，有苦說不出的怨恨與不爽——「出門在外，大家都只看到你好的一面。」「我也爲了你的面子，忍耐著不說不念你。」「回家對你不高興，就好像要你命……」「好人都給你當，我就得當壞人是不是!?」

這樣的心情，是因爲「第一名只能有一個」的模範生情結。如同大金冷氣的廣告，小徒弟問師父，那兩個比相撲的人，到底在爭什麼？師父回答：「他們在爭第二。」徒弟反問：「第二，有什麼好爭的？」師父說：「因爲第一，已經被決定了。」

有時候，制裁是在討愛

於是我們可以發現：總想制裁媽寶男，是因爲看他不順眼。究竟媽寶令人不爽的是什麼，讓人總忍不住想踩他一下？

媽寶男會激怒另一半的三種典型反應，我稱爲「丟包三寶」。分別是：

「就這樣啊還能怎麼辦？」

「那你到底想要怎麼樣？」

「不然你告訴我怎麼做？」

丟包三寶的問題在於，這讓人覺得他兩手一攤，什麼都不想管。於是個性比較負責的另一半，就會一方面勤出主意想辦法，另一方面又會對此暴怒：「都我在做，你都沒心！」

其實媽寶男不是沒心。只是他把心擺在「形式」，而妳希望他用心在「關係」。形式，重的是對錯，是有出事再處理，沒事天下太平的「問題解決」。關係，重的是了解，是無論出事與否，都會一起面對的「親密交流」。形式與關係，缺一不可，但人性，就是會讓我們見到自己有的，與對方沒有的。

舉個戀愛常見的例子來說：

女生問男生：「我生日的時候，你要送我什麼？」

男生（考題來了，我需要完美解題）：「……那，妳想要什麼禮物？」

女生：「你不知道你女朋友喜歡什麼嗎？我就知道你都不關心我！」

男生（出現錯誤訊號，開始想要除錯）：「不是啊，妳跟我講我就知道了，我都可以買給你。」

女生：「哪有人生日禮物是自己要來的，這樣就沒有驚喜了，好無聊。」

男生（腦中想著朋友的生日禮物都是開口要來的，但出於求生意志沒有說出來）：「……嗯。」

女生：「你嗯什麼嗯！我剛剛跟你講話，你是不是都沒有在聽？」

男生（再次得到錯誤訊號，又不知道該如何修正，系統開始當機）：「……」

女生：「你看！你又不說話……」

常見的結果是，女生覺得不被重視，並把男生的沉默解讀爲「不愛我」「不在乎我」「他不要我了」。其實，男生在處在當機狀態，腦袋一片空白。這一刻，男生覺得不被肯定，並把女生的抱怨解讀爲「找麻煩」「又要怪我」、「害我沒面子」。而女生處在受傷的狀態，看似兇巴巴挑三揀四，其實是用「推開」確認對方的愛。

在諮商中聽完了這樣的故事，我常常會有好深的嘆息。「其實你們都很受傷，也都渴望對方的愛……只是兩個人的需求，總是無法對得起來。」

另一半對媽寶男的制裁，其實是在討愛。媽寶男雖然沒有犯法，內心的「怕做錯」「怕被罵」與「怕沒面子」，也讓他把自己給怪死了。於是「被制裁」的媽寶男，要麼逃獄逃避，爲了不被對方懲罰，把戀愛談得像是叢林求生，要麼怒了反擊，爲了洗刷冤屈，索性擊鼓申冤反咬妳誣告。無論哪一種，賠上的都是兩人的感情。

那麼，該怎麼辦呢？

這裡，我用上另一位脫口秀演員楊蒙恩的段子：「男生儲存情感的空間只有

5KB，只能記得兄弟互相幫忙的小事，女孩子的好有5個G，我們看得見，但是裝不進去。」這「看得見，但是裝不進去」的，就叫作「親密」。關於親密這堂課，我們可以學的是：

1. **女人要理解男人的容量確實有限**。因此，不是不能叫男人猜，但請別讓他猜太多，特別是猜到當機。畢竟妳心中的小劇場太多、運算太過複雜，跟不上的男人最後也只看形式，不看內涵。就像妳煮了一桌菜（還精心擺盤），結果男人看都沒看，就配著手機吞下去，這不冤嗎？

2. **男人也要適當擴充自己的容量**。就算內建只有5KB，慢慢學、慢慢懂，甚至背下來都好，也是一種成長的歷程（畢竟，你要打3A大作，也都會給電腦加RAM不是嗎？）「我不懂」、「我不會」這種態度，一次讓你學，兩次還會罵，三次以上就很會累積恩怨債、天天吵架翻舊帳了。除非，你鐵了心不學，也做好關係會完蛋的心理準備。否則，看得見的，多少得裝一點進去。

好男好女的親密難題(一)：不當好學生，才能好好吵架

最近，跟診所同事討論諮商工作時，她說了一句很有意思的話：「兩個人只要越來越靠近，羞愧感就會如影隨形。」

起因是這樣：我們發現，許多男人會在女人生氣的瞬間，立刻道歉。但眞的問他爲什麼道歉？眞的覺得自己錯了嗎？這類男人會露出尷尬的笑容，承認「其實，我也不覺得我有錯……只是她生氣了，我好像就應該道歉。」

事實上，女人也不是笨蛋。男人的道歉有心還是無意，她們心中多少有數。一旦男人的道歉被發現是在敷衍，女人的反應就會追打與索討。最後男人越逃越遠，想到另一半，壓力就大到不想管。女人越追越兇，卻也好哀怨，爲什麼都只有我在乎？

親密，如何變成了羞愧

親密，是一種靠近。靠近，是因爲想要。因此，親密是一種慾望的展現。無論是想要擁有對方的喜歡、關注、身體，或祕密——親密呈現了我們的慾望。然而，慾望受到了挫折，就有可能羞愧。

想去朋友家玩，卻被父母罵：「整天就只想跑出去，你這小孩眞是麻煩。」想要談戀愛，卻被師長斥責：「好好念書，不要整天搞那些有的沒有的。」想吻對方，卻被另一半阻止：「等一下，我覺得我們還沒有到那種關係……」

羞愧感，與別人的眼光有關。當我說出眞心話，呈現了心中的慾望，就像在對方面前全身赤裸。接下來，有兩種可能。

第一種是，赤裸的我，被這個人所接納。於是我有一種如同宗教體驗般的融合感。融合感就是不分你我，因爲對方如此懂我，彷彿我就是你、你就是我。許多人愛上對方的那一刻、或是前一刻，都感受過這樣的體驗：「徹夜跟對方聊天，也不覺得累」「感覺我們之間有說不完的話」。

第二種是，赤裸的我，被這個人所排斥。排斥，就是說NO，也就是拒絕認同對方的慾望。排斥的形式有很多：從最強烈的嫌惡、斥責，到嘗試讓對方好過（但多半失敗）的朋友卡、好人卡。甚至是有點扭曲的怪罪自己：「不是你的錯，是我無法接受……」

無論如何，被排斥的人都會感受到「我赤身裸體地被擋在門外」。想要靠近、卻被拒絕的羞愧感，是一種很強烈又複雜的經驗。

一部分的自己會自責「我有這麼糟嗎？」另一部分的自己會生氣「你爲什麼這樣對我（就連眞心你也不回應）！」又有一部分的自己，會因爲對方是所愛之人，而選擇逃避面對，如此一來，才不會讓自己的生氣傷害到對方。

許多恐怖情人，都是在求愛、求歡被拒的時候，因爲太過羞愧撐不住，「見笑轉生氣」，於是做出了如同恐怖份子一般的勒索、恐嚇與暴力。此外，除了單方面的被拒絕，有時伴侶雙方的吵架，也是一種親密與羞愧之間的拉扯……

好男好女的親密難題（二）：為何好好吵架，才能好好溝通？

這是一個關於母老虎與豬籠草的故事。

故事中的兩位主角，原本是享受愛情的玫瑰花，以及追求慾望的大野狼。然而當時間一天一過去，一直追著男人開口的女人，覺得自己從玫瑰花變成了母老虎，整天兇巴巴地追殺獵物。總是沉默不語，深信多說多錯的男人，則從大野狼變成了豬籠草，看似無害，其實有夠腹黑。

母老虎與豬籠草來到了諮商室，希望心理師可以施展魔法，讓他們「好好溝通」。然而，心理師卻對他們說，要「好好溝通」，就要學會「好好吵架」。這下，問題來了。對許多人來說，吵架，是很丟臉的事。有些男人也會用「我們從不吵架」，來證明他們的夫妻相處之道頗有一套。不過，就我的諮商經驗來說，我認爲：有默契的夫妻不是不吵架，而是能夠把架吵乾淨。

所謂「吵乾淨」的意思是：吵完以後更懂彼此了、更靠近對方了，也就不會吵著吵著，留下了嫌隙與傷痕。也就是說，這樣的伴侶有一種能力，可以透過好好吵架，從「我眞看你不順眼（恨對方）」，移動到「好啦我們沒事了（愛對方）」的位置。

伴侶吵架的心理機制

所謂「小吵怡情，大吵傷身」，差別在哪？

小吵是「玩」，是雙方都可以承受的鬥嘴。就算偶爾互看不順眼，也懂這不是什麼大事，只是兩人做事、過生活的方式不同。於是，兩人可以跳一支不踩腳的雙人舞。這時，能夠好好吵架，就是一種親密，能把架吵乾淨，則是一種靠近。

大吵是「爆」，是把自己難以消化的感受亂吐、硬塞，或是激動起來就把自己的感覺砸在別人身上。這在心理學稱爲「投射」。簡單來說，就是：明明是自己在生氣，卻覺得別人一定在生氣。

大吵之所以難消化，是因爲：我們對另一半有多大的生氣，常常就有多大的恐懼。這種接近失控的強烈感受，在心理學稱爲「**依附創傷**」。所謂的依附，就是我們跟照顧者的關係（通常是爸媽，但也有可能是阿公阿媽，或其他撫養你長大的成人）。

依附創傷，就是在吵架的那一刻，瞬間變回了小孩子。把過往身爲小孩時，對照顧者的埋怨與期待，一股腦地丟在另一半身上。也因爲變成了小孩，所以大吵時的我們，是很脆弱、也很赤裸的。特別是，當男人女人把吵架視爲一種「錯誤」時，羞愧感也會如影隨形。如同前文所述，那「赤身裸體被擋在門外」的羞愧感，伴隨著「誰對誰錯」的相互指責，成了伴侶吵架的主軸。

想想「模範夫妻」這個詞吧。爲什麼做夫妻要「模範」呢？是不是讓人想起小時候，上台領市長獎的「模範生」？許多想要來諮商中「好好溝通」的伴侶，都是很努力、很認真的「好學生」，早在來諮商前，他們可能就諮詢過長輩、老師、朋友。聽過心理師主講的 Podcast，看過談關係成長的書，甚至參加過不少的工作坊，學催眠、學自信、學陪伴。他們很會找相關資源，也把生活過得很豐富……

問題是：好學生永遠覺得自己不夠。只要吵架，就是關係有問題。關係有問題，就像被老師拿紅筆打了一個大叉叉，好丟臉。於是，雖然吵架是一種親密與靠近，卻讓身爲「好學生」的好男人、好女人如此恐懼。

「難道是我不知足、沒在反省？」「是我太自私、要求太多嗎？」這樣的自責，環繞在好男好女的腦袋海中。

好男好女究竟犯了什麼錯？

「好女人」想做好。於是為了不做錯，而不斷糾正對方的錯。好女人在親密關係中，常常會經歷到「責任」的戰爭。有時候，好女人會變成風紀股長，在黑板上大大地打一個「X」，然後用正字記下對方做不好的地方。

原因在於，華人文化中，潛藏的「男主外，女主內」設定，似乎把工作養家的責任，分給了男人，把照顧情感的責任，分給了女人。這點在 Dcard 很常見，許多女生無論是發文討拍，或是求網友公審，很常問的一句話是：「我這樣想難道很自私嗎？」這裡隱含的意義是：如果沒在親密關係中，達到某些「標準」（比如：先生很累了，應該要體貼，不要多嘴），就會被指責爲自私。

這時，如果配上了習慣軟爛、專靠「好女人」吃香喝辣的男人，就會形成無限輪迴的「鬼抓人」。戲劇遊戲中，有一種特別的「鬼抓人」，玩法是這樣的：一次只有一個鬼，一個人。其他人圍成一個大圈，讓鬼在中間抓人。重點來了：當快被鬼抓到的「人」，跑去跟外圈的人站在一起時，原本抓人的鬼，就變成被抓的人。

這是一個刺激的遊戲，因爲你隨時要提防立場互換。抓人的會在一夕之間變成被抓的，被抓的也可以一瞬間逮到抓人的。這也是一個寫實的遊戲，因爲許多好女人追著對方認錯，其實是先被軟爛男冠上了罪名，像是「如果妳沒有對我貼心，就是對這段關係不用心」。

偏偏好女人想要做好，對於這些指控就會特別敏感。於是在某一刻，鬼變成了人，人變成了鬼。人鬼殊途，陰陽兩隔，愛情故事變成了一個血淋淋的鬼故事。

許多好女人看似氣燄高張地揪著男人的錯不放，其實是因爲她們先被指責了。指責可能來自「現場這個人」，也可能是來自心中的父母、閨蜜、老師、前男友。無論如何，這個怕錯而揪錯的帶刺狀態，確實會讓好女人不容易被靠近，進而有一種「我努力爲大家想，大家卻不爲我想」的哀怨感。

就像有人說過：「當你用一根手指指向了對方，也會有四根手指在指著自己。」所謂的「把架吵乾淨」，也許是一次一次地練習鬆開，這同時緊握著「指責」與「自責」的手，好讓這五根手指能夠慢慢地打開。畢竟，當妳鬆開了手，才能跟另一半，好好地手牽手。

那麼，「好男人」呢？

好男好女的親密難題（三）：為何好好吵架，才能好好做愛？

生氣與做愛，都是一種摩擦。它們的共通點是：都需要潤滑。

好男人的錯，是太想全對、太怕做錯

「好男人」怕做錯，於是為了做好做對，隱藏自己真正的想法。

「好男人」是透過做好做對，來求得他人認同。於是他們怕錯，因為錯的後果，就是不被認同。舉例來說，許多男人在太太生氣的時候，會反射性地認錯道歉，但其實心有不甘，卻又敢怒不敢言（於是就成了腹黑豬籠草）。

這個例子說明了好男人的幾個弱點：害怕自己丟臉、不會處理衝突、以及被動攻擊。好男人害怕丟臉，於是表面順服，實則又閃又躲又飄。丟臉什麼呢？女人的失望、生氣與指責。當女人清算婚前婚後與婆媳委屈的「舊帳」，特別讓男人難以承受。原因在於，許多「直線思考」的直男，如同處理客訴的服務人員，優先關注抱怨、專注解決問題，卻發現女人算的是八百年前的舊帳，沒個哆拉A夢與時光機，還眞沒法解決。

這時候，直男們就像是回到了高中數學課，拿出紙筆想要解題，卻到鐘響前才發現自己寫錯了考卷——「我眞的搞不懂……」「她一直抱怨，又不讓我幫她解決問題，到底想要怎麼樣？」許多來到諮商室的男人，都會這樣問我。

「你如果只想著解決，最後就會被太太解決……」我說了個冷笑話。「原因在於：她雖然嘴巴在抱怨過去的事情，但眞正要陪、要吵、要面對的，其實是太太『現在』的身體。」

好男人誤以爲抱怨是問題，問題解決了就好。但很多時候，抱怨是心情，心情沒有要解決，但是要好好陪。

「床頭吵，床尾和」的心理學原理

俗話說，夫妻「床頭吵，床尾和」。雖然聽來有點不正經，其實也有它的智慧。吵架，要能吵乾淨，求的多半不是「回答正確」，而是「感覺對了」。感覺看似抽象，其實最直接的路徑就是「身體」，這正好又是夫妻伴侶之間可以做，也該多多益善的。床尾的熱情交流，就是一種用身體說話的例子。（給直男的警語：我知道你們在想什麼。請不要下次吵架，就用求歡來解決——你一定會被解決！）

所有的性愛，都要先從觸碰開始。能夠給你碰，才有下一步。請不要直接跳到最後一步，結果被另一半踢了老二，才跑回來抱怨：「這方法太廢了，沒用！」

此外，也不是只有「床尾和」這個作法。前面說過了：比起「過去的恩怨」，對方「現在的身體」才是重點。好男人要學會的，是寫對考卷。不要被對錯的討論拐走，而忽略了真正重要的事情：眼前這個抱怨、不滿或是憤怒的女人，心中藏有她的受傷與在乎。

就如同「三咖啡」（3 Cafe Studio）的老闆，寫在臉書粉絲頁的客人小故事：

> 「……她先生到點來接她，她眼神轉變，站起來，完全修羅王上身。開始說一些她們夫妻之間的事情，就開始兇……
>
> ……先生幫她裹大衣，她瞬間變小女孩：『你走開啦』，先生沒有。先生幫她拿包包跟隨身物。跟在旁邊。先生其實紳士滿分耶。」

這故事的精華，不在於「幫太太拿包包跟隨身物」（請別記錯重點），而是「她瞬間變小女孩：『你走開啦』」，先生沒有。」因爲，先生碰了太太（裹大衣），又沒有被推開，等於用行動對太太說：「我會在。」

所謂的「好啦我們沒事了」，不是嘴巴講講，是要身體力行的。無法好好碰觸彼此，感覺我們「在一起」的人，很難體會「沒事了」的感覺。

那麼，男女要平等？還是男生要讓女生？

殘酷的是，如果真的二選一，那就死定了。

其實，吵架跟做愛都是一種遊戲。遊戲當中會有權力，權力之中也有遊戲。所謂完全的平等，是一種假象。太過堅持平等，變成道德教條，關係反而會不平等。因此，健康的親密關係，要能正向地運用「權力遊戲」。

親密關係，其實是充滿權力的。照顧者與被照顧者、追求者與被追求者、甚至是性愛中的主動者與被動者，都有上跟下的權力關係。健康的親密關係，像是在玩蹺蹺板，可以在彼此同意的前提下，你下我上、我下你上。不過，許多男人確實少了這種可以一起，可以彈性上下的能力。因爲，男人們通常很大一隻，也希望自己很大一隻，所以一屁股坐到蹺蹺板上，就把板子壓到了底，還沾沾自喜。當另一半抗議這樣不好玩的時候，男人常會很不高興，而猛地站起來，害對方再跌一跤。

爲什麼會這樣呢？這個男人的自尊議題有關。男人的自信常常建立在「我需要做些什麼，來證明我是好的」，然而親密關係最難的地方是：有時候，我不需要你做些什麼，只要你陪我一起體會就好。可是男人若看不懂這一點，就會覺得「沒有做」就是「什麼都沒有」，於是，女人一開口，男人就急著想要解決問題，或是求生（解題）。

好男好女的親密困難，就在這些差異中顯現。

親密，是「我願意為你打開，然後一起做點什麼」

最近，我參加了芝加哥即興劇教練強納森．皮茨（Jonathan Pitts）的工作坊——「在脆弱中找到力量」。老實說，因爲心理學很愛談這個主題，市面上相關的書也很多，一開始我對於能否學到新東西，是不抱期望的。

不過，很高興我的先入爲主有被打臉。心理學常常會談「脆弱的力量」，也鼓勵大家在親密關係中，多表達自己的感受與需要。這個建議沒有錯，但常帶來一個有點錯誤的印象是：好像在親密關係中，就應該要「不設防」地打開自己。

這個錯誤印象，加上性別差異，就變成了之前不斷提到的：女生常常追著男生要打開心，男生如果求生意志強烈，就想辦法找出最佳解應付女生。或是乾脆就兩手一攤：老子不幹了！直接擺爛、逃避這類要求。

脆弱不是示弱，是在乎

皮茨在談親密關係中的「脆弱」時，用了「窗戶」這個隱喻。當你心中有扇窗戶，打得越開，你就越會收到對方的能量，也就越容易被對方的能量改變。在舞台上，我們看到的，就是角色的脆弱。

我記得，娩娩工作室的亮亮（賴玟君），是這樣形容的：「演員要讓觀眾看到角色的心碎成一片片，那樣的心碎是很漂亮的。」

在生活中，我們感受的，就是彼此的在乎。在乎很抽象，也很難捉摸，所以有些人會嘗試把它「具體化」，比如：「你約會請我吃飯，就是在乎我。」「你每天晚上都有親我額頭，跟我說晚安，就表示有在乎。」

但是，親密困難之處，就在於：當我們嘗試「規定」什麼是親密，那扇窗戶是被迫打開的（你可以想像對方拿了根木條卡在窗戶上……）。這會造成兩種結果。

一種是「**示弱**」，像是被人動手腳，有關不起來的窗戶，不是討好、順從，不讓對方生氣，就是趕快道歉或是責怪自己。一種是「**討拍**」，像是門戶大開，根本不需要裝窗戶，把自己的可悲、可憐無止盡地倒出來，要別人全都吸收。

也有些人，知道自己的內心住著這樣一個餓壞了的小孩，害怕別人嚇壞，所以不願意開。當有人嘗試去敲敲看那扇窗，他會質疑（也是恐懼）地反問：「你確定嗎？」「如果我打開了，你就什麼都要讓我……」「這樣的我，你確定接得住嗎？」

所以，到底該怎麼使用這扇窗呢？「在脆弱中找到力量」提出的方案，雖然是給台上（表演者）的，對我來說，在台下（親密關係）也一樣受用。

親密，是「我願意為你而打開」

前面提過：角色之所以可以在舞台上脆弱，是因爲我們打開（Open）自己的窗戶，並接收對方的能量，同時，我們也願意接收對方的能量，並被改變（Be changed），而不是開無敵（不在乎、打岔）。

重點來了，這些交流之所以能發生在舞台上，表演者之所以能在一片未知中"Play"角色心中的脆弱，是因爲兩個演員之間，對彼此是感到安全、相互連結的。有了安全與連結，才有辦法打開，然後呈現角色的脆弱。

就像皮茨在工作坊會說：你們的角色吵得很厲害，可能一個人要離席了，一個人想指責另外一個人，但我並不需要擔心兩位演員，因爲你們之間是安全、且互相連結的。

看到這，你可能會想：「這是表演課啊，我又沒有要演戲。我需要的是跟我的家人、跟另一半親密……」其實，眞正的親密關係也是一樣的。就拿情人當例子：談戀愛的兩人會有許多自己的小暗號、小情趣，或是旁人看到會翻白眼，但小倆口總是玩不厭、樂得咯咯笑的遊戲。

小情趣、大衝突，都是一種"Play"

在前面的文章中，我們提到「小吵怡情，大吵傷身」的心理機制。不傷身，甚至還能怡情的吵架，就是一個小小的"Play"。

這裡，之所以不翻譯"Play"這個字。是因爲在英文中，"Play"有好幾個意思，而且都適用於親密關係。"Play"是遊戲（Play game），是比賽（Play ball），也是演戲（英文中的一齣戲，也稱之爲一個 Play）。

"Play"這詞，也反映了親密關係的複雜。有時候像是好玩的遊戲，不管是曖昧、約會或是做愛，有時候又像是比賽，伴侶會跟其他情侶競爭、跟娘家夫家拉扯、或是問小孩：「爸爸媽媽誰比較好？」同時，這些「好玩」與「競爭」，又帶著一點「演戲」的成分。因爲，我們可以透過演戲去實現，現實生活無法完成的願望。

比如說：熱戀情侶最常見的，是演小孩。（像是之前網路盛傳的疊字傳奇：「北鼻我的麵麵不要加辣辣。」）旁人不在遊戲中，會覺得疊字惱人，都幾歲了還這樣說話（同時戴上墨鏡）。這一刻，兩人就實現了「明明已經三十歲了，有時候還是想當三歲小孩」的願望。

在親密關係中的雙方，之所以能夠"Play"小孩這個角色，是因爲他們相信：對方不會因此攻擊我、罵我或嫌棄我。因爲對這段關係，有充分的安全感，這個親密的"Play"才能夠發生。當然，如果兩人關係還不夠穩定，或是對另一半的觀察力有限，又或者是習慣打開窗戶、讓別人予取予求的人，就不見得能這樣交流。

這是小情趣的例子，大衝突也是一樣，只是卡司從偶像劇，變成了瓊瑤或鄉土劇。到了這裡，我們會得到一個特別的結論：兩個人能好好吵架，是因爲夠有安全感。兩個人能把架吵乾淨，是因爲他們可以相互連結。於是，兩個人都可以打開，並收到彼此的能量，在關係中展現「脆弱」，如同刺蝟轉身露出柔軟的肚子——親密，是充滿力量的。

「好男人」心理學(一)：那些好男人的慾望，到底去了哪？

英國作家謝里丹．席莫（Sheridan Simove）出版過一本書：《男人除了性還會想什麼？》，登上了亞馬遜暢銷排行榜。當你打開這本書，你會看到兩百多頁的白紙……

身爲心理治療師，我在想的是，那些逐漸無性的好男人，如何度過兩百多個空白的日子？

當好男人逐漸草食

其實，好男人不是沒有慾望，而是沒有動機（或是說：追求，不再是他們的動機）。前文曾提過「慾望的五個層次」，當好男孩逐漸從「渴望自信」，退到「迴避衝突」，甚至是「壓抑慾望」的時候，彷彿沒有慾望的他，成了草食男。

「草食男」一詞的提出者，作家深澤眞紀，曾經提出了一個乍聽很政治不正確的看法。草食男一詞提出的時空背景，適逢日本政府推動「男女職場平權」政策，seku-hara（性騷擾）一詞也成了流行語。深澤眞紀認爲，儘管當時女性在職場的權益，仍有很多需要進步的空間，但男女平權與人際界限的抬頭，突然讓日本男人們不知所措……在職場靠近吸引人的女性，會不會就被控訴爲性騷擾？

提出這點，當然不是要爲性騷擾辯護（讀到這，我也有點訝異深澤眞紀提了這麼逆風的看法）。我眞正要說的是：當「政治正確」與「取消文化」過了頭，男生不再有機會練習追求。他們不是沒有慾望，是因爲害怕被懲罰，而失去了追求的動機。結果，因爲缺乏練習，眞的一時勇敢（或腦衝）追求女性時，反而會做出更多荒唐、越線與噁男的行爲。

噁男眞的只是噁嗎？或許他們缺乏的，是學習如何追求與練習親密的機會。

好男人的慾望，鎖在玻璃牢籠之中

類似的情況也發生在「把妹課」。其實，追女、把妹或是ＰＵＡ（Pick Up Artist，原義爲搭訕的藝術），也是分爲「沒良心」與「有良心」的。沒良心的課程，講的是速成、是操控、是打壓（也就是一般人對於ＰＵＡ的印象）。有良心的課程，談的其實是追求、是相處、是信心。

好男人需要的是追求與嘗試錯誤的信心，而不是把慾望鎖在玻璃牢籠之中，又幻想有那麼一招半式，可以讓女人爲自己所用。

另外，還有一種玻璃牢籠：二〇〇七年，第一代iPhone上市，開啓了智慧型手機世代後，「慾望」就跟手機脫離不了關係。有些「好男人」不是沒有慾望，而是對自己的慾望又挫折，又羞愧。因此，他們透過手機裡的ＡＶ女優、直播主，間接地滿足慾望。慾望沒有眞的不見，只是介於他們與慾望之間的，是那一片玻璃螢幕。

精神分析對於「自戀」有個理論是：當我們想要對外界投注興趣、熱情與慾望（理論稱爲 libido），卻受到懲罰、嘲笑，無視等挫折時，這股 libido 會退回到自己身上，在幻想或自我刺激的層次，精神自慰。

當慾望受挫帶來了羞愧，進而變成了「幻想」層次的自慰。無論AV女優或直播主，都是好男人幻想世界的一部分，女人成了用來滿足慾望的「角色」，而不是一個「人」。當然，這不是說AV女優、直播主不是人，當代也越來越多節目請她們穿過角色，以「本人」的姿態，討論對這個世界的看法。但躲在玻璃牢籠之後的男人，爲了順利滿足慾望，需要她們作爲「角色」（所以會有人設），而不是本人。

問題就在這裡。

當男人越來越習慣跟「角色」，而不是完整的「本人」相處，他們和女人互動、交流與曖昧的能力就越差。這些人際溝通的能力越差，一時膽大包天（這就眞的是腦衝）追求女性時，就更容易被當成噁男。

除了慾望之外，深澤眞紀還提到：草食男，是一種對傳統大男人觀念的「反抗」。然而，十幾年過去了，草食男並未如深澤眞紀所預言，掀起新一代的男性革命。草食男的反抗，似乎也成了無力的「掙扎」。也許，草食男不是沒有憤怒，而是以厭世的姿態，壓抑、扭曲了自己的生氣，到最後才噴發出巨大的暴怒。

當生氣扭曲成暴怒

這是什麼意思呢？舉個例子。

漫畫家淺野一二〇有一部短篇作品《週日、下午、六點半》。在這個故事中，正值高三的女兒江園，遇見了厭世帥哥，堀川同學。對江園來說，堀川同學高瘦、白皙的美少年外表，是她的菜，而且是天菜！因此她「肉食女」地主動邀約對方，出來約會。

沒想到的是，堀川雖然答應了約會，過程中都在發表他的厭世言論：「我沒去學校……像那種有如動物一樣，費力氣解決問題，實在有夠蠢……況且我本來就對學校這個制度感到疑問了。」「（抽菸）就是因爲對身體不好才要吸啊……這個世界無疑已經在走向盡頭了，做出這種社會的大人們，卻打算把一切問題都丟給我們這個世代。」

當氣氛來到最尷尬的冰點，江園忍不住問堀川，既然出來這麼不開心，爲什麼要答應她的邀約？堀川露出輕蔑的笑容，等著看好戲似地說：「……我想看看沉浸在戀愛中的女孩子，究竟會做出什麼行動來啊。」

有一些好男人，不是沒有憤怒，而是轉爲「厭世」與「嫌惡」。前面談過，提出「草食男」一詞的深澤眞紀，認爲好男人是對日本社會的反抗。如果從這個觀點延伸下去：反抗，是需要憤怒作爲燃料的。然而，好男人的憤怒會因爲「求人認同」而隱藏，或是從直接了當的不爽，轉爲扭曲的形式。如同故事中，堀川大肆發表的觀點，其實充滿了嘲諷與攻擊，但只對迷戀上他的江園發洩。

在諮商工作中，也會聽到有些家庭說起「出外一條蟲，家中一條龍」的兒子。他們對父母諸多抱怨，極不禮貌，但出外面對同學、老師與上司，一句話都不敢說。這種「胳臂往內彎」的怒氣，其實是一種發洩，發洩在願意靠近、接納與包容他的人身上。心理治療師，也會在諮商的某個階段被當成「這種角色」，而有一種被糟蹋的感覺。如果，心理師能夠在諮商中一次、兩次、三次地把這些感覺想清楚，有時候會發現：原來，他對「自己人」的糟蹋，也是這個世界對「他自己」的糟蹋（當然，這是主觀感受，有可能是事實，也有可能是詮釋。但畢竟心理師不是警察，我們的工作不是找戰犯，而是搞懂怎麼了）。

那麼，「好男人」的憤怒與反抗，會變成什麼形式呢？一種是逐漸往內在走，大革命逐漸變成了心中的小對抗，或是分裂成「嘴巴說OK，但身體說NO」的被動攻擊。就像堀川對大人的不爽，逐漸變成一種厭惡世界（事實上也厭惡自己）的形式。

這世界沒有什麼東西好在意的，既然不在意就不會受傷，也就可以把別人當蟲子、當玩具，當成那些「就算弄傷對方，也不會怎麼樣……」的關係。如同堀川那句話：「……我想看看沉浸在戀愛中的女孩子，究竟會做出什麼行動來啊。」他們既不把自己當一回事，也不把自己人當一回事。

另一種，則是忍無可忍後的巨大暴怒。極端的形式像是街頭隨機傷人，理由是「報復這個世界」。

和男孩們一起長大

好男人本身不是問題。因爲對自身慾望和憤怒的無能爲力，進而變成了無窮無盡的被動攻擊，這才是問題。

這一個世代的男人（無論是媽寶男、好男人或XX男……），幾乎都要重建受損的慾望與憤怒。身爲陪男孩長大的女人，要給回饋，但不要狂下指導棋（特別是以一種過度批評、指責與輕蔑的姿態），像是：

「你是男人欸你怎麼連這個都不會？」「你男的你怎麼這麼沒種？」「你們男生就是不懂啦……」如果妳是要閹割男孩的女人，這些話都很合理，但如果妳的本意，是希望身邊的男孩可以長大爲男人，那就要知道：他需要學習。

首先，妳要找一個值得培養的隊友。特別告訴那些母性很強的女孩，不是所有男人都救得起來，也不見得是妳應該拯救的對象。基本的觀察力還是要有，要會挑有學習動機的男人，或至少篩選掉很誇張恐怖的對象。

然而，就算妳再怎麼會挑男人，都沒有完美的答案，韓劇裡的完美歐巴都不存在（如果妳不服氣，請想想男生版的完美答案——「正妹流汗都是香的」）。選到了好隊友，請一起學習。

我會說：**親密關係的衝突管理，其實是「失望管理」**。學會分辨這個失望是來自我的、來自對方的，或是來自我們各自成長的家庭，又或者是長輩老師、朋友閨密的一段話……這樣才有辦法好好承認慾望，並且消化失望帶來的憤怒。

也就是說，男人要在一段夠好的關係中，一次一次地和妳一起學會：

憤怒是一種捍衛，而不是迫害。

慾望可以是交流，不只是自慰。

「好男人」心理學(二)：當你照顧好生氣，生氣也會照顧好自己

與男人們進行心理諮商時，我常常會聽到一種故事，叫「女友生氣了」或「老婆抓狂了」。這種故事，通常開始於女方的「指責」，結束於男方的「認錯」。無論事後討論了多久，承認了多少事情要改，通常過了沒多久，同樣的故事又會再來一次。

當女人對男人生氣時，好男人並不在地球

爲什麼會這樣呢？我發現，當女人生氣時，好男人的第一個反應是「壓抑生氣」——不只壓抑自己的生氣，也壓抑對方的。通常，他們會忍住自己的不舒服，嘗試好聲好氣地回應女生：「好啦，妳不要生氣了……」然後，女生就會更生氣。

有時候，故事聽一聽我忍不住了，會直接問好男人：「那你女友到底在氣什麼？」聽到這句話，大概有六七成的男人，會一下子愣住，然後不好意思地說：「其實，我也搞不太清楚她生氣的點……」

我才發現，吵架當下，好男人並不在地球。

地球是很危險的，快回火星吧

好男人之所以不在地球，不是因為他不在乎，而是太在乎了……只是，他們在乎的是自己。

不少女人會希望男友、老公表達自己的感受，因為這樣才是溝通、是交流、是夫妻感情好的證明（其實，只能說是對了一半！）。然而，好男人之所以不想要感覺，是因為他們害怕自己一旦有了感覺，就會傷害到身邊的人。更糟的是，有些男人拗不過女人的請求，硬生生地背出了幾句話，又被罵「沒誠意」、「感覺不到」，以及，我覺得最驚心動魄的一句：「好啊原來你是這樣想我的！（怒）」

這時候，好男人的委屈，也會瞬間轉為暴怒，像是：「我都已經這麼努力表達自己了，妳到底想要怎麼樣!?」這句話的怒氣，就是因爲感覺被對方推開、糟蹋。

重點來了，由於好男人一開始是以「交作業」的心情，表達自己的感受，雖然好像在親密交流，其實是在求對方認同。他們內心的吶喊是：「我都做到這樣了，妳應該要滿意吧？」所以當對方嫌棄、不滿意、甚至鬧脾氣時，好男人也跟著抓狂了。

有時候，這股來自好男人的怒氣，也會把其他人拉下水，所謂的「公親變事主」。有處理過感情議題的心理師，應該都有類似的經驗：來訪者回去與伴侶大吵一架後，回來又沮喪又生氣地對你說：「你要我做的（正念、我語言、非暴力溝通……），我全都做了。可是，這些都沒有用！」

通常，我會反問來訪者：「你做了這些努力之後，對方的反應是什麼？」不意外地，大概有六七成的男人，停下來東想西想，然後一臉困惑地說：「我不太記得了……應該就沒什麼反應，然後我們就吵架了。」

同樣地，當好男人啓動「不要感覺」的機制，他不在地球，而是在自己的星球。這時候，他在乎的其實不是對方的感受，而是他有沒有得到對方的認同。就好像念書的時候，有些老師，你甚至不記得他是什麼樣的人？上課說了些什麼？但是，這一科考試會考。因此，你全心全意地專注在老師發的考卷上，確定自己得到了滿意的分數。考完後，就把一切全都忘掉……

這是好男人的努力，也是好男人的自私。

沒有感覺的好男人，是無聊的男人

陳小春有首歌叫《男人與公狗》，副歌是這樣唱的：「OH～愛總是讓人發瘋／爲了愛我願意搖尾又擺頭／掏心掏肺／只想有人愛我」。

唱歌的人，跟著一條狗，待在淡水河邊，心中想著爲什麼沒有人來愛我？其實，答案早就寫在另外一段歌詞中：「幻想著一家四口坐滿餐桌／家裡頭大小事交給我準沒錯／你的幸福是我的所有／全家快樂是我最要緊的夢」。

當男人跳過了追求，跳過了自我，直接進到了「居家好男人」的夢想中，是相當無趣的（也難怪有這一句「其實我還不壞／有點錢／長得不錯／爲了什麼沒人看上我」）。

別誤會，我不是說男人「愛家」不好，我說的是：只有對方、沒有自己的「愛」，既軟弱又不能持久。軟弱在於，當一切都是爲了別人，其實是想要得到認同。爲了別人而活，就沒有自己。沒有自己，就沒有生命力。沒有生命力的男人，在親密、性愛與生活層面，都是很無聊的。我有一位心理師朋友精準地描述了這個現象：「女性性的奧祕，有時候不在於計畫、技巧、控制、鍛煉，而在於即興、自主、未知與冒險。當然，可以想像，這可能是很多男性害怕的狀況。」

有品質的性愛需要創意，有交流的親密需要即興。關於這點，我在伴侶諮商的現場，學到很多。當伴侶可以穿越依附創傷的挑戰，重新跟對方產生有感的連結，他們會有自己深厚的默契。很多時候，身爲治療師的我還沒聽懂其中一方的感受，另一方已經心領神會，搶先解釋給我聽。有時候，他們還會調皮地對彼此眨眨眼，像是在說：「啊，家齊心理師還沒懂我們的小默契啦，我們解釋給他聽。」

然而，要做到這點，就要不怕面對感受。我有一位心理治療的老師，用「溺水」來形容伴侶衝突的恐怖感。這一對伴侶，之所以能夠輕鬆地回應彼此，也是經歷過一次又一次的溺水，才慢慢地從情緒這片大海中，學會水性。相反地，好男人害怕下水，於是把整座游泳池的水都放掉了——很安全，但是很乾枯。

重新擁有感覺的男人

好男人把自己的感覺殺掉了，因爲他們害怕這些感覺會衝出來殺人。更深層一點來說：他們眞正恐懼的，其實是憤怒、攻擊之後的被報復。這一切其實全發生在好男人的內心世界，都是他們的「幻想版」。這時候心理諮商扮演的功能，就是幫助好男人看到，人際關係到底是怎麼運作的。

比如《毒性羞恥》的作者葛洛弗，會跟他的來訪者說：「感覺只是感覺，它不會殺了你。」我也聽過一位治療師，在來訪者跟他透露了腦中無法克制的攻擊衝動後，是這樣回應的：「心中的想法只是想法，就算你想要殺了誰，並不代表你已經犯罪。」

不過，好男人的「幻想版」畢竟是他們的求生機制，是爲了避免自己被遺棄而長出的眞空環境。如果你要拿走一個人的游泳圈，最好確定他已經掌握水性。好男人的水性，是要「照顧好生氣」。

「照顧好生氣」這個概念，在《The Gentlemen's Club》一書中，稱爲"Aggressive Presence"。Aggressive 是攻擊性，也就是表達憤怒。Presence是臨在，也就是人在當下。兩者加在一起，就是在當下與自己的生氣連結，但不用自己的生氣貶低對方（這是羞辱）；也不用它來強迫對方屈服，藉此得到想要的結果（這是操弄）。

也就是說，生氣就是生氣，生氣是爲了表達「我不喜歡你這樣做」的心理界限——你必須停止這樣對我，或者我會阻止你繼續。但我不是透過生氣來「爭對錯」，批判對方「看看你做了什麼，惹得我這麼生氣」，或是利用生氣「操弄」對方的在乎、恐懼，得到自己要的後果：「你看你害我這麼生氣，所以你要補償我」。

記得這篇文章一開始，我問好男人「你女友到底在氣什麼」嗎？當好男人開始學習「照顧好生氣」，他們要練習問自己「我到底在氣什麼？」生氣背後，必然有個在乎。當好男人搞懂自己的在乎，也照顧好自己的生氣，有意思的是：另一半反而會因爲男人這樣的「生氣」，感到安心許多。原因在於，當男人「臨在」時，另一半就有機會搞懂男人在想什麼，而不需要自己「猜」。

就像所有的恐怖片一樣。最嚇人的，是氣氛開始變得不妙，鬼卻遲遲還沒出現，每一分、每一秒你都在猜鬼何時會跳出來的那一刻。當好男人學會臨在，也就是讓自己在乎，同時讓自己在場，另一半就不需要去「猜」鬼到底在哪？

最後，我想說的是，「照顧好生氣」這句話的靈感，是來自芝加哥即興劇教練皮茨（Jonathan Pitts）的「照顧好現在」。他在工作坊說過一句話「當你照顧好現在，現在會照顧好自己（When you take care of the "now", the now will take care of itself.）」。

於是，「當你照顧好生氣，生氣也會照顧好自己。」

小貞的故事
解答篇

有覺察的吵架，才有辦法吵出結果

透過諮商的探索，我與小貞發現：她和男友，有著截然不同的求生機制。

小貞是「火」，當她感覺不安全時，她反覆地確認、質問甚至生氣，心中的潛台詞是：「你是不是不愛我了？」就好像有些小小孩，發現憂鬱的父母不理她時，會跑去抓他們的衣角，整個人撲上去，甚至發出刺耳的尖叫聲。

男友是「冰」，當他感覺不安全時，他切斷了情緒，升起一堵高牆，心中的潛台詞是：「我好不舒服，我不想有感覺。」就像有些小小孩，面對父母的冷漠，不但不會去找他們，甚至會坐在一旁，不哭不鬧，好像根本不在乎。

冰火九重天，冰會激化彼此的不安，造成雙方相互折磨，又愛、又恨、又痛的後果。

冰火九重天的後果

玩火讓小貞有感，但玩過頭，就會燒掉整間房子。

小貞告訴我，有一次她又不小心說了：「好啊不然就分手」，結果男友竟然冷冷地說：「那就分手啊。」那瞬間她嚇壞了，整個人攤在地上，抓著男友的衣角，拜託他不要離開。

男友的沉默，是一種冷暴力，而且特別地暴力。因爲當你沉默的時候，對方知道你不開心，卻不知道「你在不開心什麼？」沒有答案是很煎熬的，偏偏冷暴力的人又不會主動給答案，這促使小貞的不安之火燒得更旺，終究也讓男友自食其果。

小貞面對的親密難題，能有什麼解決方案？一句話：當不安全感上升時，要把「反射動作」般的求生機制，調整爲帶著「自我覺察」的選擇——別誤會，這不是要叫大家跟另一半吵架時，還要「記得愛自己」之類的心靈雞湯。我們談的是「實際後果」。反射動作的問題在於，爲了求生，我們會做出很多激烈舉動，來確保自己的安全，但安全不等於親密。

甚至，有些讓我們安心的行爲，是很消磨感情的。比如說，當小貞出於不安全感，要求男友照三餐傳訊息回報，只要晚了就發脾氣，也不聽男友解釋，最後男友只好配合演出。這麼一來，小貞是要到了安全感沒錯，但不見得能夠保有愛情。因爲對男友來說，傳訊息慢慢從一件甜蜜的小事，變成充滿壓力的大事。

帶著覺察的吵架

這就是爲什麼我們要帶著覺察。覺察的步驟有三：發現、承認與選擇。

發現，是要發現自己何時啓動了求生機制。相關的「溺水」訊號像是緊繃、想哭、或者煩躁想逃，也有人會閃過一些小聲音像是「看吧果然沒人愛你」「你好丟臉」，這些都是重要的線索，要一次又一次地練習找出自己的獨特訊號。

承認，是承認自己有不安的感受。乍聽之下有點廢話，其實這才是最難的一步。想像一下：當你已經很氣對方，覺得都是他的錯，我眞是腦袋壞掉才跟他在一起時，你要發現並承認眼前這個人「讓我感到很不安」，還眞的是一件很挑戰的事吧？

這裡要留意的重點有兩個：第一個是：承認自己的不安，也就是坦白自己的脆弱，有時候會帶來很丟臉的感覺。所以，不用逼自己一定要「溝通」，一定要把不安說給對方聽，甚至堅持在吵架現場說清楚。有時候，心裡知道就好。眞的想說，等兩個人都氣消了再說。

第二個是要評估關係。一個殘酷的事實是：不是每個人都會好好對待另一半的脆弱，有時候他們甚至會抓著你的傷口灑鹽。特別是在交往初期，承認自己的不安以外，也要觀察對方能不能善待你的脆弱？（詳見「與媽寶男分道揚鑣前，妳需要思考的26件事」）

有時候，對方無法善待你的脆弱，是因爲還在生氣，所以才說反話、說氣話。原則上，親密關係走得越久，雙方越能看懂反話背後的眞心話，那就沒問題。有時候對方就是不想善待你的脆弱，會不斷在吵架時拿出來踐踏。這樣的關係，不見得就不能繼續——但如果想繼續，就不建議和對方分享太多自己的脆弱。

選擇，是在發現並承認自己的脆弱後，重新做出有覺察的選擇。有可能你充分覺察到自己的不安後，決定這次要多照顧自己一點，所以維持現狀不改變。也有可能你在自我覺察以後，發現自己說了氣話，那是爲了氣對方，不是眞的這樣想……於是你做了一個新決定。

無論這次你做了什麼選擇，要記得：透過發現、承認、選擇來練習覺察，是爲了不讓愛情變成冰與火之歌。

家齊心理師三個小提醒

1. 好男好女若要學會親密，需要撐住「做錯」的羞愧，不讓慣性反應走在前面。
2. 碰觸對方前，需要先學會碰觸自己。鬆開指責前，需要先學會處理自責。
3. 因此，所有的親密關係，都有一個前提：不帶羞愧地與別人靠近之前，要先能夠不帶羞愧地靠近自己。

Chapter 6

愛情、婚姻與家庭：我們這個世代的關係難題

我是雙寶媽，還是三個孩子的單親媽？

郁雯是兩個孩子的媽。不過，有時候她覺得自己更像是養了三個孩子的單親媽媽。

郁雯的先生算不上什麼渣男壞蛋，就是長不大。下班後，整天抱著他的電動，說是上班一天了很累，需要放鬆一下。兩個孩子的大小事，全丟給了郁雯。

還好，孩子很貼心。特別是姊姊，雖然已經十四歲，卻沒有出現父母聞之色變的叛逆期，不但會自動自發地幫忙郁雯做家事，偶爾她還會扮演郁雯的分身，把她爸爸跟十歲的弟弟都念一頓。

弟弟，則很得人疼。每次郁雯跟先生吵架後，回房間掉眼淚。沒多久，弟弟就會悄悄把房門推開一條縫，問郁雯「我可以進來嗎？」然後，弟弟會靜靜地把頭靠在郁雯身上。三十分鐘過去，郁雯收拾好心情，抱了抱弟弟，對他說：「好了，媽媽沒事了。」弟弟會彷彿任務完成似地，跑出去找姊姊聊天。

郁雯很感激兩個孩子的貼心。然而，她也悄悄地擔心：這樣的生活還可以持續多久？有一天姊姊嫁人了，弟弟有女朋友了，剩下她跟這個男孩一般的先生……這樣的婚姻，又該怎麼過呢？

為什麼媽寶都是男生？有女生的媽寶嗎？

Dcard 討論「媽寶」的文章中，多半是女生發文，抱怨男友或先生的行徑。不過，在眾多女生的討論串中，有一篇男生發的逆風文，吸引了我的目光：「你們都在討論媽寶『男』，難道女生就沒有媽寶嗎？」

我的回答是：女生當然也可能是媽寶。但母女之間的糾葛，要比「媽寶」還來得複雜。

媽寶的「寶」，有兩個意思

第一章有提到，媽寶的「寶」是「寶貝」的寶，把人當寶貝有兩種意思：一種是當情人，一種是當小孩。

媽媽通常不會把女兒當情人，但會把女兒當小孩。這樣的狀況，會出現在過度保護、控制的家庭。比如說，深怕女兒晚上出門跟朋友玩晚了，她就會學壞啊，或是會被強暴，因此嚴格限制女兒的外出與交友。好像女兒得活在一個眞空的玻璃瓶中，才不會受到傷害。

這種被父母過度干涉的女兒，確實可以說是「媽寶」，因爲她被當成了「不可以長大」的小孩。然而，父母這樣做，在高中前可能還有八九成的效力，到了念大學，女兒開始往外面的世界跑，就沒辦法一直待在家裡當「寶貝女兒」了。（不過，這個說法可能也慢慢過時了，畢竟以前的父母說：「等到妳念大學再交男朋友」，現在可是越來越多父母，輕則要求孩子只能念老家這邊的大學，重則無論孩子大學跑去哪念，爸媽都會跑去「愛相隨」。）

母女關係的糾葛，不同於母子

當女兒長大成爲女人，母女之間的糾葛關係，比起媽寶，更像是「皇后與公主」。這是怎麼一回事？想想「白雪公主」這個故事就知道了。

女兒與媽媽，就像是公主與後母（心理學上，有時候會把「後母」作爲「有毒媽媽」或是「壞媽媽」的象徵）。在白雪公主的故事中，媽媽跟女兒之間有一個很微妙的議題，叫做嫉妒。

當女兒慢慢長大變成一個女人，媽媽也意識到自己開始老去，於是，媽媽可能會有一個特別的感覺：這女兒是我生出來的小孩，可是她長大了，她長成像我一樣，甚至比我還要漂亮的女人。如果做媽媽的，無法祝福女兒正要去享受她的青春，而自己的青春已經不再，有些難以消化的，來自女人對女人（而不是媽媽對女兒）的嫉妒，就會從媽媽嘴中出現，用一種厭女、羞辱與強暴迷思的說法攻擊女兒，像是：「裙子穿這麼短是要給人家幹喔？」

一個女人對另一個女人這樣說，而且還是母親對女兒說的，乍聽很不可思議。但這其實是嫉妒引發的權力鬥爭，因爲見不得對方好，就會想要透過攻擊來毀壞對方，讓對方不那麼好。有句話說「女人何苦爲難女人」，或許那不是「何苦」，而是因爲「嫉妒」。

求異性父母認同，與同性父母競爭

再複習一下，爲什麼說到媽寶，多半是指「媽寶男」呢？

由於媽媽是兒子在成長過程中遇到的第一個「異性」，所以「媽寶男」其實是兒子與他生命中第一個異性（母親）的糾葛關係。

對女兒來說，媽媽是她成長過程中遇到的第一個「同性」。就心理學來說，母女關係（媽寶女）跟父子關係的原理比較像，都是相同性別的「小孩」與「大人」。我們對相同性別的父母，會「崇拜」對方，也會想「競爭」，因爲這是我們人生中第一個遇到的「典範」，是我長大想要（或不想要）成爲的樣子。

但跟異性父母的關係中，我們比較希望從對方身上「得到認同」，因爲那是我們遇到的第一個異性，父親，才是女兒成長過程中遇到的第一個異性，也是未來戀愛成家的原始設計。

父親缺失症候群：為什麼我們整個世代，都在尋找不存在的父親？

最近，在診所心理師的定期聚會中，我的同事提出了一個觀察：「我們這一整個世代，都在尋找『不存在的父親』。」

爲什麼父親會不存在，又爲什麼我們都在找父親呢？

孤兒世代與現代爸爸

「龍貓大王通信」曾經寫過一篇文章，談的是「鋼彈世代（一九八〇年）」到「鬼滅世代（二〇二〇年）」的差異。其中有段話寫道：「鋼彈世代的作品與觀眾們，漸漸傾向於主角無父化的路線，也只是順理成章而已。」

「……這年代的孩子們被迫快速長大，必須在學校就練習在群體環境中的殘酷，而自身忙碌的父母，無暇處理他們在學校與人際關係上的種種困境。孩子必須獨自面對霸凌、升學、甚至是三餐等等問題。」

相對來說，在鬼滅世代中，「……這些新世代作品裡，所有不是主角的大人們，通通都是大叔大嬸們也要敬禮的『好大人』們。」

鋼彈世代看動畫長大的孩子，現在都是爲人父母的年紀了，他們是「孤兒世代」。古早時代的爸爸，不用當孩子的父親，只要不賭博不打老婆，不要「過度」花天酒地，能穩定拿錢回家，就是社會上認爲不錯的父親了。然而，他跟小孩並不親密。也許有一點威嚴，有一點疏離，或是乾脆就很少回家。對渴望與父母親密的孩子來說——情感上，這樣的父親跟死了沒有兩樣。

當時有「鑰匙兒」這個說法，講的就是放學自己回家，自己準備晚餐，自己吃飯配電視看的心理孤兒，然而，當「孤兒世代」的小孩長大成「現代爸爸」，問題就來了。

孤兒世代的終結，找父母的新世代

現代的孩子，因爲物質環境穩定了，情感教育也逐漸普及，會和父母要求更細緻的理解與情感交流。比如說，有越來越多二十歲出頭的來訪者，對諮商的期待是「希望父母可以更了解我在想什麼？」他們甚至會跟我商量，能不能來談幾次以後，就把父母找來做家庭諮商。

當我反問他們：「爲什麼希望爸媽來做家庭諮商？」來訪者通常會說：「我爸媽都說他們了解我，願意聽我說，可是我說了之後，他們根本沒有在聽……」「心理師，我希望你可以讓他們更了解我的感受。」

通常，我不會立刻答應安排家庭諮商，過往經驗告訴我：許多父母面對孩子的情感需求，都有一種被責怪的無奈感。雖然孩子想要被父母了解的需求是可以理解的，但如果太過躁進的話，我這就不是做諮商，而是開法院公審了。所以我會邀請孩子先來幾次個別諮商，再由孩子邀請父母來找我諮詢。

不過，雖然說是「父母諮詢」，實際上都是「母子諮詢」或「母女諮詢」比較多。爸爸有的是工作忙碌，無法請假；有人覺得夫妻分工，「妳去就好」；也有人對於心理諮商頗有敵意——「啊就聊聊天還收那麼貴，都是騙錢的啦！」

如果我們「母子／母女諮詢」的工作順利，媽媽與孩子的橋樑逐漸修復，多半就會開始討論家中那「不存在的父親」。

讓不存在的父親現形

通常，我會問母子／母女倆一個問題：「當妳們兩個在客廳吵成一團時，爸爸人在哪裡？他又會做什麼？」

這是一種「關係語言」的提問，透過描繪家人互動的畫面感，協助他們覺察，一家人吵架時，是如何「分工合作」的。很快地，母親與孩子就發現父親的「不存在」。

也許，父親默默在旁邊看報紙、滑手機。也許，父親要大家別吵了，卻沒人理他。也許……母子／母女倆根本沒有印象，父親到底人在哪？

有位母親，是這樣回答我的問題：「他喔，他能把自己顧好就不錯了啦。」

爲什麼做父親的，無法加入呢？別忘了，這些父親的父親，也從來沒有示範「如何做一個與孩子親密的父親」，於是，這一代的爸爸很兩難。他們一方面對於「親密」很陌生，另一方面時代變了，他們又不能像自己的父親「拿錢回來就及格」，甚至新一代的女性與小孩，也會有更多對於父親的要求。於是，爸爸來到父母諮詢，通常都是被「架」來的。

有的太太用離婚威脅，有的家庭是小孩要求，或是家中某位成員生了大病（比如：厭食、暴食、拒學、甚至是醫學檢查不出原因的氣喘、糖尿病等），才逼得了「不存在的父親」現身。不難想像，來到諮商室的他們，是困惑又難受的。

有時候，我會跟第一次參與諮詢的父親們打個比方，說明他們遇到的狀況：這就好像是你從來沒有吃過生魚片，也覺得魚肉就是煎一煎弄熟就好，以前爸媽都是這樣料理的，沒想到，一不注意來到中年，發現太太跟小孩都在吃生魚片。你覺得這魚肉太生，被嫌不懂情調很老土。你忍著不適動筷子，卻被念「怎麼連哇沙米都不會加？」慢慢地，你乾脆就不上餐桌了。

雙重三明治世代

其實，這一代的父親，是雙重的「三明治世代」。上有老父老母，下有妻子小孩要養，是一種三明治世代。自己沒體會過的父子親密，卻要學著給下一代，是另一種三明治。

面對這個世代，做父親的男人們，需要重新學習親密，就算你自己沒有體會過（甚至覺得不需要）。做母親的女人們，需要給先生學習的空間，就算妳心中閃過「我自己做還比較快」。做兒女的男人／女人們，要知道老家父母終究是不完美，這輩子也不見得能改變的。

如果父母在嘗試了，請學著看見並給他們鼓勵（如同你期望他們的肯定）。如果父母放棄改變，那是上一個世代的極限——我們可以做的，是穿越老家對我們的影響，並學習給自己的小家，一個新的開始。

爸爸去哪兒？三種缺席的父親

電影《滿城盡帶黃金甲》中，飾演皇帝的周潤發，對兒子周杰倫說了一句話：「天地萬物，朕賜給你，才是你的——朕不給，你不能搶。」這一句台詞，講清楚了父子關係的愛恨糾葛。

事實上，這部電影是一齣「典型華人家庭」**加**「伊底帕斯情節（戀母弒父）」的大悲劇。

許多男人以為，只要成為天下霸主，一國之君，人生就完美了。就連小時候玩光榮出的「三國志」系列，勝利條件也是統一天下——把地圖上所有城池都插上自己的旗幟，就對了。

然而，好傻好天真的男人，沒想通一件事——就算天下是你的，你家還是有妻小。於是，許多四處征戰的大將軍，回家後無法也無力親密，便有了電影中周杰倫的角色「爲母出征，謀反老爸」的家內悲劇。缺席的父親，帶來家庭的悲劇。

不會玩的父親有兩種，一種是皇帝，一種是少爺。

皇帝型父親

皇帝型的父親，管小孩像是管員工，罵小孩像是罵新兵，玩小孩像是……嗯，他們字典中沒有「玩」這個字。就算被太太押著，勉爲其難地跟小孩玩，不會玩又嚴厲的父親，很擅長把遊戲變成特訓，父子相處起來苦得要命，最後，小孩索性也不想跟父親玩。

皇帝型的父親有個變形，我稱之爲「遠征大將軍」。他們一頭栽入工作之中，覺得「我辛苦上班，錢拿回來就好，到底還有什麼好不滿？」

少爺型父親

少爺型的父親什麼都玩，就是不跟小孩玩（因爲不好玩）。對他們來說，玩小孩不如玩女人、玩股票或玩浮潛，少爺型的父親是自得其樂的公子哥兒，不是孩子的父親。

少爺型的父親也有個變形，我稱之爲「魯蛇少爺」。他們在職場失意落魄，缺乏成就感。爲了消除這份「魯味」，他們反過來向小孩討錢來花，或是抱怨養小孩花了他這麼多錢，總之千錯萬錯都是別人的錯。

簡單來說，皇帝型的父親，讓家人覺得難相處，而不好玩。少爺型的父親，覺得和家人相處不好玩，於是跑出去找他的樂子。

書生型父親

還有一種隱藏版的父親，是文人書生。這種父親對外斯文客氣，在家逃避疏離；他不傷人，也不理人，彷彿不存在。

當家人吵成一團的時候，他不像皇帝型父親有主導權，可以叫大家閉嘴，審判是非。但他也沒法像少爺式父親一樣，索性不管，你們吵你們的，我玩我的。於是書生型父親會上演一種劇碼：當大家吵得不可開交的時候，他會突然怒吼一聲，但不是主持公道，而是聲淚俱下地強調「家要和諧、要尊重、要有禮教……」。

不幸的是，父親雖然講得慷慨激昂，得到的卻不是熱情鼓掌，而是小孩的白眼，與太太的嘆氣冷笑，彷彿在說「呵，你又在玩你那一套。」這場戲演過幾次以後，書生型父親會越躲越遠。看似投入文人雅士的嗜好（泡茶、弄花草、聽古典樂），其實是不會（不想）處理家人，那就加倍關注非人類的「活動」與「物品」。這，是一種書生式的成癮。

缺席的父親，除了影響父子關係，也養出了一個世代的公主與王子……

為何不存在的父親，養出了一個世代的王子與公主？

中國心理學家武志紅曾經寫過一本書叫《巨嬰國》，談的是華人文化如何形塑了身體是大人，心理是嬰兒的「巨嬰」。

近來，台灣也有許多人用巨嬰一詞描述不會獨立生活、不會問題解決，到了成年還需要靠父母幫忙（或根本是家長自己放心不下？）的大學生。不過，就我看來，當代台灣人的心理狀態，與其說是巨嬰，不如說是「公主王子症候群」。

神隱少女中的公主、王子與巨嬰

兩者差別在哪呢？用吉卜力工作室的作品《神隱少女（千與千尋）》來對照的話，湯婆婆的兒子（坊寶寶），是「巨嬰」，想要的得不到，就用生氣大哭來威脅你，直到你就範。電影中有段畫面是，坊寶寶要千尋陪他玩，同時警告千尋：「你不陪我玩，我就哭，我一哭，湯婆婆就會很生氣。」由此可知，巨嬰的心理邏輯是：只要我想要，你就要聽我的，你不聽，我就毀掉你。

千尋、無臉男，則是「公主王子症候群」。在故事一開始，千尋如同許多青春期的少年少女，百無聊賴地躺在汽車後座，了無生氣。她只覺得父母很煩，大家都很煩，只有自己最可憐。這時候的千尋，是很「公主病」的：什麼都不合她意，又賭氣、臭臉不理人。

無臉男登場後，不斷對千尋示好，變出一大堆的金子。他是個灑錢的土豪，同時相當自卑，證據在於：當他被千尋拒絕後，無臉男覺得旁人都在笑他，於是憤而把討好他的員工吃進肚裡。無臉男的「王子病」，是活在自己脆弱的幻想世界中：一被挑戰就崩解，崩解就大暴走。

王子活在自己的幻想世界，好高騖遠、難以落地，總是在自大與自卑之間來回。公主依賴又自憐，又需要別人幫忙，又不滿意對方，於是了無生氣又氣撲撲。此外，王子、公主有個共通點：他們都不太會跟母后交手。

公主王子症候群，特色一：不知道如何跟母后交手

王子需要萬能母后。有了母后的萬能作爲靠山，大小事都被照顧得好好的，只要優雅地出席並說聲「謝了，媽媽！」就好。於是，公主看不順眼王子什麼都要聽媽媽的，什麼都被媽媽管。每個月的薪水被媽媽管，什麼時候回家媽媽也管，那是不是連保險套放哪，媽媽也都要管？（還眞的有）

公主需要白馬王子。白馬王子的重點是「彷彿」無父無母，一個情人一匹馬地前來拯救公主，離開那索然無味的老王國。於是，當白馬王子的媽媽登場，公主便從戀愛的天堂，掉入了成家的地獄。「白馬王子」突然變成了「拜媽兒子」，公主試著把兒子拉回王子，或是陷入「這無解我好悲慘」的自憐。

這裡要補充說明：爲什麼理想的白馬王子，最好無父無母？因爲無父無母的王子，可以完美擔任「情人」的化身，忠誠付出、不求回報。如此一來，公主只要負責用少女漫畫的濾鏡，沉浸在自己的戀愛世界就好。

就像蔡依林《騎士精神》的歌詞：

「像騎士的忠貞／不畏懼邪惡的眼神／這過程　一直放在我心底／就像　擋在你胸前的盔甲／保護著我　讓我心疼」

王子拼上性命保護我，公主只要負責心疼就好。不過，王子也是人生父母養的啊，怎麼可能無父無母？

童話故事直接略過這問題（或是在故事一開始就「賜死」王子的父母），電影《史瑞克2》倒是聰明地處理了這個Bug：故事中的白馬王子"Prince Charming"，正是神仙教母的大媽寶。

至於，公主爲何不想處理跟婆婆的糾葛呢？很多時候，是因爲公主自己的老家，也有一個不好處理、彷彿繼母一般的母后。對於這樣的「落難公主」來說，談戀愛並建立自己的小王國，是翻轉人生的最後機會。不難想像，當她逃離了老王國，卻在小王國遇見了另個法力高強的女人，會有多挫折。（《史瑞克2》中，白馬王子的老媽，神仙教母可是能夠變身、能夠殺人，也能夠主導愛情的走向呢。）

公主王子症候群，特色二：不斷尋找幻想中的理想父親

看到這，你也許想問：「那麼，那個消失許久的國王，到底是怎麼一回事？」因爲國王（父親）始終不存在，所以我們都在幻想一個理想的父親，等待萬能的拯救者來解救大家。於是，公主期望擁有白馬王子，不管是超越爸爸，或是像他一樣完美——卻發現戀愛之後有許多事，是這男人處理不來的。

王子幻想自己會是一個超越國王的男人，卻在處理不來兩個女人的關係時，驚恐地發現自己跟爸爸沒兩樣。如同尤涅斯科的荒謬劇「椅子」，九十多歲的老先生想出了救世良方，但覺得自己人微言輕，要找一個「演說家」來幫忙發表。同爲九十多歲的老太太，幫忙先生招待各種達官顯要，一起來聆聽這場偉大的演說。最終，演說家出場了，卻只能發出扭曲而可笑的嘈雜噪音。

消失的國王再次出現，究竟是救世？還是虛假的先知？這是空巢期家庭面對的議題。空巢期指的是，孩子皆已成年，紛紛長大離家的階段。由於母后少了王子、公主，心中空缺了一大塊，就會自然地把注意力轉向國王。於是，「傳說已久，從

未謀面，名叫父親的國王」被迫現身了。然而他到底是英雄？是暴君？還是從未好好戴上皇冠的冒牌貨？也許，故事才剛開始……

公主王子症候群的解藥

爲了討論可能的解方，讓我們回到《神隱少女》這部作品。

千尋爲了拯救被魔法變成豬的父母，大聲地對湯婆婆說：「請讓我在這裡工作。」過程中遇見了各種刁難，也受到學姊（小玲）與白龍的幫忙。這些來自現實的考驗，讓原本心情不好就什麼都不要的千尋，吃下白龍半哄半騙準備的飯糰後（他特別強調「這是用了讓你振作精神的咒語而做的飯糰」），感覺到食物的滋味，臉色紅潤了起來，也掉下一滴又一滴、歷經生活現實的眼淚。其實，哪有什麼「讓你振作精神的咒語」，眞正的咒語，是千尋透過辛苦勞動、與人合作，學會和現實共處。

另一方面，無臉男經歷了大吃與大吐的過程，他的幻想與自我膨脹，在嘔吐後漸漸消退。這時候，換千尋作爲學姊的角色，接住了無臉男，她對本想拋下無臉男的小玲說：「那個人來到湯屋才變壞的，所以讓他離開比較好。」同樣地，在千尋與無臉男見到錢婆婆後，無臉男開始學習編織，學習平靜、細緻地做出好東西……

坊寶寶呢？變成老鼠後的他，踏上了旅程，不是等誰來服侍，而是學會走出自己的力量。

這些，都是現實的力量。畢竟，**公主王子症候群的解藥，不是某個厲害的大法師，或是不傳之祕的經典，而是學會與現實共處。**

又不是小孩了!?為何長大以後，我們依然無可避免地尋求認同？

許多人終其一生，都在尋求認同。就算是在工作中取得極大成就的名人，回到了家裡，仍像是個孩子，既期待又怕受傷害地問道：「媽媽，我表現得好嗎？」「爸爸，你會以我爲榮嗎？」

爲何我們就算長大了，仍像個孩子尋求認同？

因爲被拒絕，是一種痛覺。尋求認同的原因之一，是害怕被拒絕。害怕做得不好，在家沒有一席之地。害怕不被喜歡，在學校沒有朋友一起玩。害怕付出不夠，男友女友就會離開我……

我們總是害怕被某人（或某些人）拒絕。被拒絕之所以那麼痛，是因爲它可能眞的是一種痛覺。腦造影研究發現，當我們被人拒絕的時候，大腦中與「疼痛感」

相關的部位，也會跟著啓動。專欄作家克莉斯汀．威爾（Kirsten Weir）是這樣形容的：「對大腦來說：傷心，跟傷了手，沒有什麼不同。」

疼痛是一種強烈而立即的感受，會讓我們自動化地反應。這也是爲什麼許多人在「求認同」的當下，並未意識到自己在做什麼的原因。疼痛產生不適，也引發恐懼，讓我們立刻跳起來做些什麼，避免恐怖的事情發生。比如說：有人求認同，是怕被罵，有人則是怕被排擠、被霸凌，或是被討厭……，而人類終極的恐懼，是毫無回應。

無回應，就是絕境

得不到回應，就是被孤立。被孤立久了，就無法連結。無法與人連結，就沒有安全感。被孤立，是人類最巨大的恐懼之一。如同中國心理學家武志紅所言：「無回應之處，就是絕境。」

我上過一個表演課。在那堂課程中，老師要我們選一段獨白，然後找出這個角色的核心渴望。一開始課程氣氛還蠻歡樂的，因爲選獨白很像在算命，選了什麼，好像也代表自己在想什麼。

後來，老師讓我們開始練習獨白。一位年輕女孩率先上台，她選的獨白中，角色的核心渴望是「被愛」。老師請她先出去等個兩分鐘，然後示意我們：待會她進來的時候，我們所有人都要轉過去、不理她。不管她說什麼、做什麼，我們都不能轉身。女孩進來時先是楞了一下，然後她開始跟大家開玩笑，想逗我們開心。

沒有人理她。

當時間越過越久，那女孩原本可愛、甜美的聲音，漸漸轉變為顫抖。她開始有點生氣，一下子大聲罵人，一下子又說反話：「好啊，我才不在乎！」

還是沒有人理她。

在這個練習中，女孩無法離開現場。她必須在這個人性困境中，持續完成角色的渴望——被愛。

正當我開始覺得，這一切好像有些殘忍的時候，女孩的聲音突然停了下來。我跟幾個同學忍不住轉頭，看到她像個小女孩似地哭泣……練習結束了，老師趕緊過去給她一個大大的擁抱。這是一個表演練習，雖然很殘忍，但練習總會有開始與結束。如果，這不是練習，而是一個孩子的人生呢？

長期得不到回應的孩子，心中無法「留住」別人

我的心理治療老師，曾經提過一個例子，說明小孩是如何在心中「留住」父母的……想像一個四、五歲的小孩在草地上玩，突然間他跌倒了。雖然跌得不嚴重，但也是嚇了一跳。有些孩子這一刻，會打地板、罵地板「地板壞壞」，有些孩子則是會拍拍自己的胸口，對自己說「怕怕」。

這些都是痕跡。是孩子的照顧者，過去如何回應他們的記憶痕跡。一旦心中能夠留住對方的身影，孩子就不需要照顧者隨侍在側。即使到了很遠的地方，透過記憶、紀念品、或是一首小時候學過的歌、一支舞蹈或一起看過的電影，都可以讓孩子感受到心中的照顧者。

這也是安全感的起源。如同《小王子》中的狐狸說：「……假如你馴養了我……我將知道一種腳步聲，與其他人完全不同的腳步聲……你看到那邊的麥田嘛？我不吃麵包，麥子對我來說並沒有用……但你的頭髮是金色的……那些麥子也

是金色的，將會把我的思緒帶到那些關於你的事。而我會喜歡聆聽風吹過麥子的聲音。」（本段爲作者譯自《小王子》英文本，敦煌書局出版，一九八七）

然而，不是每個孩子都能夠擁有這份安心與期待。回到最前面的例子，如果小孩跌倒時，父母只是遠遠地站在一邊，基於「幫了，怕小孩依賴」的原因，什麼都不說、什麼都不做，或是反過來，父母沉浸在自己的世界中，沒有時間或意願理會小孩，無論是夫妻吵成一團、還是外遇丟下孩子……

這都會讓小孩向外探索時，得不到回應。得不到回應的孩子，內在無法留住別人。於是他們長大後的親密關係，也很難感受到安心。即使見面時感情再好，一旦揮手說再見以後，就彷彿對方根本不存在，或是感覺到嚴重的焦慮，好像自己被遺棄了似的。

心中留不住別人的孩子，會透過激烈地尋求認同，試圖留住對方「本人」，像是：絕對不可以失敗，「沒考一百分就完蛋」的資優生；一而再、再而三挑戰老師底限，「討罵挨」的孩子；反覆透過鬧脾氣、吵架、分手，來確認對方是否爲眞愛的情人……。

尋求認同，其實是在尋求「安撫」

爲什麼尋求認同，會有這麼大的反應？這裡，我們要先了解一個心理學名詞——安撫。所謂的「安撫」有兩種，正向安撫與負向安撫。正向安撫指的是鼓勵、接納、肯定等比較溫暖的看見；負向安撫指的是責罵、處罰、否定等比較嚴厲的眼光。

前面說過，被拒絕是一種疼痛，被無視是一種絕望。這讓我們不得不學會一件事：比起被罵被打，被忽略才是最恐怖的。因此，當我們得不到正向安撫，我們就會去激怒人，去故意犯錯，甚至刻意傷人，來要到負向安撫。也就是說，「父母惡狠狠地罵我、打我」，都比「父母不理我」來得好。

安撫除了正負兩種，又可以分爲「有條件」與「無條件」。

「有條件」指的是：安撫給得有跡可循，比如考一百分就有獎品（有條件正向安撫），或是遲到晚回家，下次就禁足（有條件負向安撫）。「無條件」指的是：安撫出現與否，難以預測。比如「不管你做了什麼恐怖的事，我都接納你這個人的存在（無條件正向安撫）」，或是「不管你做得好還是做不好，我就是看你這個人不順眼（無條件負向安撫）」。

注意到了嗎？無論是正負向，還是有無條件，這一切都關於「回應」。孩子是透過「被回應」而長大，我們是透過「被回饋」而成熟。人類，之所以終其一生都在尋求認同，是因爲我們渴望被回應。

就好像那個在公園草地上跑著的四歲孩子，當他往前跨了幾步，可能很得意、也許很緊張。然後，他會自然地轉過頭，看看父母還在不在？他們是否看到自己表現得不錯？或是帶著憂慮的眼神，比孩子本人還怕他跌傷？或者，孩子才往前跨幾步，爸媽就神經質地大吼大叫：「那裡不可以去，很髒！」？

我們尋求認同，是因為渴望回應。當我們得到回應，就更知道自己是誰。

一個來自器官世代的鬼故事：「金孫」和他的姊妹們是如何長大的？

前面提到，人終其一生在尋求認同，是因爲我們渴望被回應。然而，如果我們所處的世代、文化與社會，並不願意給予孩子所渴望的認同呢？

一些傳統華人家庭，會有「生男孩」的期待，於是流傳各種生男偏方。這在家裡形成了一種隱約的氣氛：那些在「金孫」之前出生的女性，彷彿是不被期待、也不被當一回事的「銘謝惠顧」彩券。

在心理諮商中，很常見到的一種家庭組合是：前面生了二到三個姊妹，最後才有一個小弟。通常，姊妹會很勤奮（特別是長女），小弟則會有一種被慣壞的樣子。比如：編劇簡莉穎曾寫過一個劇本《全國最多賓士車的小鎮住著三姐妹（和她們的Brother）》。

這裡的 Brother 就是那位「小弟」，他很自然地認爲，父親的賓士車是留給自己的。他的三個姊妹即使有生活家計的苦惱，也擔憂弟弟的不長進，仍需壓抑自己的需求，成全這一切。然而，就因爲他們的 Brother 已經被慣壞了，放縱「金孫」的下場，是讓家中的資產（無論人力或車子），逐漸被敗壞……

被工具化的男男女女

在華人文化中，女人的身體，很常被當成工具，比如說：老一輩會看媳婦的屁股大不大，因爲「大的會生」。這時，媳婦的用處就是「屁股」。不過，你可能沒想過的是，在這樣的環境中，就算你是男人，也會被當成工具。

周仁宇醫師提出「公媽情節」的概念來說明這類現象。他提到：在「公媽情節」的傳統家庭中，因爲父母不想（或不會）思考孩子的需求與獨特性，只會依照「家族和自己的利益或面子」，來安排資源（就如同《全國最多賓士車的小鎮》一劇當中的賓士車）。因此，雖然「金孫」是全家最受寵的——父母擺在掌心，姊妹悉心照顧，家族大好前程等他交班……，但父母其實沒把他「這個人」放在眼裡。

周醫師提到一個挺辛辣的說法是：金孫之所以有此地位，跟他是誰並沒有關係。他擁有的一切特權，只因爲他是男的，他有一根老二，可以傳宗接代。也就是說，金孫的用處是「老二」。

其實，金孫的老二，跟媳婦的屁股，是類似的意思。小孩傳宗接代是爲了誰呢？就「公媽情結」的概念來說，這一切都是爲了家族傳統。於是，我們會得到一個有點感傷的結論。這個家父母到底偏愛誰？答案是：都不愛，這樣的父母愛的是傳宗接代的利益，以及家族興旺的面子。更深層一點來說，父母也是透過努力生出兒子，來保住自己身處大家族的位置。

器官世代，誰存在？

於是，這形成了我稱之爲「器官世代」的概念。

在器官世代中，沒有人眞的存在。女兒們爲了得到父母的認同，即使看小弟不順眼，還是會快手快腳地協助「金孫」處理生活大小事。爲了照顧他的生活，也就沒了自己的人生。

「金孫」看似過得很爽，又有一種令人無法苟同的軟爛。然而，在器官世代的鬼故事中，「金孫」這個人並不存在。無論他做什麼，手腳都不會比「專業的」姊妹快。有時候，就算他想幫忙，姊妹們也會不耐煩地撥開他，說：「我來做比較快！」這一撥，撥走了金孫學習的機會，也強化了他的軟爛。或許金孫軟爛的背後，也有一份自卑與無助。

我記得小時候回眷村老家過年。年夜飯前，外婆、舅媽等人在廚房忙進忙出，不時送上工整切好的水果，讓坐在客廳看電視的男人們享用。當時我才九歲，站在廚房門口，想要幫忙。舅媽看到我，說了一句：「這裡是廚房，你們男生不要進來。」於是，我坐回客廳的大沙發，吃著女性長輩們「手腳」敏捷，準備起來的水果。我的功能，是回應她們盡量吃的「嘴巴」。

在這個故事中，誰贏了？沒有人。因爲，「家族傳統」這個結構贏了。在這個結構底下的男男女女，正以一種「器官」的樣貌，在龐大的客廳中來來去去……

沒有人眞的存在。

平平都是人!?男女大不同，到底在不同什麼？

同樣是人，在不同的結構（空間）、不同的世代（時間），就會遇見不同的難題。華人女性的成長，像是一條才轉過彎，就突然陡峭起來的爬山路。相對來說，華人男性的路看似平坦，卻是一踩空就會跌到萬丈深淵的懸崖路。

於是，女性的議題是「越過山丘」，男性則是「面對墜落」。

華人女性的成長

女性的成長，是從仙境墜落，越過山丘成爲「大老媽」的歷程。

爲何說是越過山丘呢？在華人的心理世界中，文化管束家庭、長輩框架小孩、男人要求女人，於是，大女人爲難小女孩，女兒難以應對母親，又被期待成爲母親。

女性成長的指標是：能否應對排山倒海而來的結構壓力（這裡的「結構」指的是：父母、大家庭、婆家或社會職場），爬上山頭、成爲母親、甚至當上一家之主。

這樣的發展，有點像是母權社會的邏輯。宋文里在《心理學與理心術：心靈的社會建構八講》提到：在母權社會中，母親是調解糾紛與承諾的中心，也管理了男性噴發陽性力量的肆虐。宋文里也強調，母權並非「統治」，更像是「做主」。大媽治理村落的原則是「愛和不愛」。因爲對大媽的愛與認同，子孫能夠一起合作、也一起工作。

大媽愛管人，也因爲「愛」所以「管人」。這點在溫泉文化中，清晰可見。我一位女性朋友提過，在女湯，總是會有好幾個大媽擔任秩序維護者。有人沒戴浴帽？有人沒先沖洗？有人做SPA直接用水柱沖頭？只要有人「違規」，就會有大媽出聲制止。

好處跟壞處，都是管很多。我那位朋友，也好奇地問我：「……男生不會這樣嗎？」我想了想，還眞的沒有。後來我是這樣回答朋友的：「……也許是因爲，男人如果敢這樣管東管西，最後就會打起來吧。」

這也是宋文里說：「母權特別是不需要使用任何暴力（武力），就可以達成治理的目的。」因此，女性成長的關鍵字是「應對」。要能夠成為以「愛」為原則，為整個家「做主」的母親。成熟的女人，需要能夠應對各種衝突、糾紛與不滿。從出生的老家，到自己的小家。從應對自己的母親，到應對男人的母親。最後，是自己成為母親，應對兒女的歷程。

在心理諮商中，跟母親的親職工作走到一段落，孩子的問題、危機處理得差不多時，有時候我們會開始探索「這位母親身為自己父母的『女兒』時，是如何被養大的？」

常常會有兩種發現：一種是，過去怎麼被父母養大的，也就不自覺地重複在兒女身上。另一種是，發誓絕對不要用父母的方式，對待自己的小孩（比如：我是被我爸媽威脅大的，我絕對不要威脅我小孩），於是在不小心「失控」威脅孩子的時候，感到自責。

「應對」作為一種治家守則，最重要的是：吵架、和好、喬事情。在此，女人會一次次從自己的多重身分中（母親、女兒、女人），發現不同位置的難處，能夠撐住小孩的抱怨、自己的脾氣、先生的抗議，最後用一種「好啦，我這不就來了」的姿態，把孩子們與大人間的不滿意給「喬」掉。

應對的最高境界，是：沒有人特別得意。雖然大家都有點不滿意，但也能夠對彼此服氣。

華人男性的成長

華人男性的成長，是少年、情人、職人、職人、少年、情人的無限循環。然後，小孩也許都出生了好幾年，才在某一刻驚覺自己成爲了父親……。男性的成長，是落地（但不要摔死）。什麼是「落地」呢？其目標有二：承認慾望，與承擔責任。

這剛好是兩種極端。有些人總是把事做好做對，承擔責任卻不承認自己的慾望，於是慾望橫流的「好男人」，還沒落地就失控碰到亂流。有些人則是不願負責只想要玩，只有慾望沒有責任的男人，總是不把身邊的人當一回事，於是受苦的永遠是別人，直到對方翻臉不玩，才知道事情有多大條。

男性成長的指標，是學會「剛剛好」。剛剛好的責任、剛剛好的慾望，以及剛剛好的存在感。

這過程有點像是在做重量訓練。每次上了槓片，拿了啞鈴，就是承擔重量的開始。更多的重量，意味著更大的力量。重訓時，我的教練會說：「你幫我留兩下的力氣。」意思是，如果我可以死命撐完十下然後力竭，那我就在做到八下的時候，停下來。

一開始，我有點困惑。如果可以多做兩下，多練兩次，為什麼不拚完呢？教練是這樣解釋的：「我當然知道『你可以』做到。但如果把自己拚到了極限，就無法好好呼吸。呼吸如果不順暢，就不能留意身體的細微變化，於是很多訓練的細節，就會顧此失彼。」

「承認慾望」與「承擔責任」，都是這個道理。如果重訓「留兩下」是為了對身體保持感覺，承擔責任、承認慾望要「留兩下」，是為了對自己、對別人有感覺。為什麼這麼強調「有感覺」呢？因為，這就牽涉到了之前提過的「父親缺失症候群」，也就是：男人如何因為無感，在家中逐漸消失。

男性的中年危機，正是「消失」。年輕時透過財力、魅力、體力塑造的成就感。來到了中年，常會因爲自身股價的下滑，與太太崛起變成老媽，使得男性原本透過陽性力量爬上去的地位，逐漸崩塌，家中地位與男性自尊也逐漸垮台。

年輕時被情人需要，中年後被家人嫌棄。

年輕時沒空理孩子，中年後孩子不理你。

年輕時想要拼熱血，中年後是心在滴血。

於是，中年危機的男性，逐漸在家中失去「存在感」。最終會從情人、嚴父變成無能、封閉，只能拗起來被動攻擊，或者自我封閉而漸漸疏離的無用男人。像是沒有爪子，也沒有牙齒的獅子。

因此，男性成長的關鍵字是「有感」。你自己有感覺，才有辦法讓別人對你有感覺。我知道，很多男人看到這都會想翻白眼，習慣性地敷衍「啊男人就這樣啦」「我們沒有這個習慣」「男人重點就是拼事業」，然而，爲了對抗日漸消失的存在感，避免被當成人體ATM、又處處惹人嫌，你得有感，才能讓人服氣。《大人學》的 Joe 曾說過「很多男人還有個問題，就是當看到「遇上霸道總裁」這種書名時，戀愛經驗少的男人，通常會把重音標成這樣：『遇上霸道．總．裁．』。但女生會覺得刺激的，重點其實是這樣：『遇上．霸．道．總裁』。」

霸道總裁的重點是「霸道」，「霸道」就是有氣勢、又有在乎，會讓小少女驚呼「好帥！」的男人。是不是總裁，倒也無所謂。（事實上，眞的身處豪門世家，反過來很考驗女人「應對」的能力。身在紅樓夢賈府，沒個王熙鳳的辣手，或是林黛玉的病體，要怎麼活？）

Joe 也提到：「雖然你可能不相信，但女人天生是捕獵者與訓獸師。她們期望把浪子留住、把霸者馴服。當獅子被訓練成瑪爾濟斯，這會很有成就感。但你若已經是吉娃娃了，你豈不是剝奪了人家唯一的樂趣？如此會被市場挑剩，也就理所當然了……」。

就像男人是一輩子的少年，看到PS5或是NBA，就興奮地旁若無人。許多女人也是一輩子的少女，追逐浪漫青春的戀愛夢。所謂「期望把浪子留住、把霸者馴服」的渴望，可不是女人過了三十歲、結了婚，就結束的。（只是地下化而已，跟你各位的D槽沒兩樣。）

男女大不同，不只是因爲生理機制、心理個性的不同，也是因爲不同的空間、時間結構形塑了各自的「成長之路」。法國哲學家沙特說過「人生是介於B與D之間的C」，也就是「出生（Birth）與死亡（Death）之間的選擇（Choice）。」出生與死亡串連起的這一條路，不是我們能夠決定的。然而，要怎麼走，是我們可以選擇的。

公主王子的成長法則：孤男篇

我在接受家族治療訓練的時候，曾經聽過一句話：「男性的挫敗在於被視為無能。女性的挫敗在於被視為自私。」這讓我想起在心理治療工作中，很常會遇到的一種男人，我稱之為「孤男」。

「孤男」習慣以處理問題的方式處理關係。關係既然是問題，那就要找解法。這樣的男人通常不會來做心理諮商，就像夜店咖通常不會跑去學靜坐——除非，關係已經出問題了。當他們來諮商的時候，親密關係都要期末考了：也許是對方說你不去諮商就離婚，或是他衝動跟對方分手，又不知道要不要復合等等。

跟他們工作的時候，我感覺自己很像補習班老師。因為就要大考、沒時間了，沒辦法從這門學問的源頭慢慢教你賞析。只好搖身一變在白板上用紅藍二色的筆標註重點、說法與解題範例。有時候，時間真的太趕、狀況有夠緊急，只能請他們把答案背下來。

直男不一定是孤男，但孤男之中，有很多直男。他們極度害怕自己無能，像是：工作無能、感情無能、性事無能，但他們又難以服氣，所以不容易讓人指導、照顧（照顧是一種指導，指導也是一種照顧）。原因在於，這裡面有男人的「面子」問題。

如果尋求照顧（指導），似乎就承認了自己的無能，而且這個無能還會被其他人「看見」。重點在於「看見」二字，如果被看見，就會很丟臉、很沒面子。

於是，許多孤男明明有需要，卻都「暗著來」。上課拜師，要偷偷摸摸地把講義藏起來，不讓別人知道。珍藏的A片，要創造一個隱藏的資料夾，並取一個嚴肅的名字（像是：物理學概論），讓別人沒興趣打開。

在諮商中也是，生氣、失控與脆弱的部分，總是藏在大量的思考迷宮之後。所謂的「思考迷宮」，指的是孤男可以光鮮亮麗地來諮商，天南地北地聊，從國際情勢、科技發展，聊到最新的心理學研究。你聽著精采的演講，入了迷，幾乎忘記他是要來幹什麼的。最後才發現，他的人生其實充滿失控，就跟他談的烏俄戰爭、兩韓對峙，或是 Twitter 裁員一樣，充滿著煙硝味。而他，只是輕輕帶過。

「我怎麼比你還有危機感呢？」有時候我會這樣反問，試圖跳出孤男的思考迷宮。但別忘了，孤男不愛被管，但又需要被指導；孤男不要示弱，但又渴望被照顧。於是他們身邊的女友、男友或家人（還有心理師），也是寸步難行。

其實，**孤男真正要學的，是能夠安全而適度地當小孩**。小孩是無能的，因爲許多事情他們需要大人幫忙（比如付錢），但也因爲小孩是無能的，所以他們可以全然地享受、活在當下，能夠恣意地好奇、探索與發揮創意。

這種「鬆而不垮」的態度，是最難學的。我剛學重量訓練時，一開始的教練是強硬派的，因此背起大重量時，我需要張嘴吸一口大氣後，再閉氣讓身體繃緊，爲的是用有張力的身體，撐起槓鈴。

後來，我遇到的教練是覺察派的。她要我先用較輕的重量，配合吸氣吐氣來訓練。教練解釋：雖然蹲比較大的重量時，的確需要閉氣帶來的身體張力，但也會有一個代價：閉氣時，你很難「覺察」到自己的身體，也就很難發現身體的運作。

因此，雖然一開始選用的重量比較輕，好像沒那麼厲害（說來不好意思，我去健身房的時候，也會偷瞄其他做相同項目的人，看他們舉的重量是不是比我重），但，**能夠承認自己的「無能」，才能開始好奇、探索自己的身體，慢慢建立大重量需要的「能力」**。

這才是孤男成長爲熟男的關鍵。

公主王子的成長法則：逆女篇

女性的挫敗與學習，則是一條很不一樣的路徑。

在諮商中，二十到三十五歲的女性來訪者，常會問我一個問題「：我這樣想，是不是很自私？」

自私的反義詞，是「犧牲」。犧牲，是一種社會文化對女性的預設，也就是「妳應該犧牲自己的人生，為大局著想」。這裡的大局可以是婚姻、小孩或夫家，舉例來說：女生下班後，可不可以去進修？像是平日晚上聽演講，或是假日去社區大學。有些家族會說NO，因為：如果妳去過自己的人生，那誰要來煮飯帶小孩？

於是，丟下煮飯帶小孩等家務，跑去自我進修，變成了不顧大局的「自私」。彷彿，只要有自己的想法、自己的想要，就是一個大逆不道的「逆女」。罵人自私，就是要人不可以「做自己」。要人不可以做自己，是因為總是有人想「做自己」。因此，在總是罵人自私的家庭中，只要回顧一下家庭歷史，一定可以看到不少「想做自己而不能」的影子。

比如有位三十歲的女生想要出國唸書，卻總是被家人大罵「自私」。後來當我們開始回顧她的原生家庭三代史，才發現：媽媽也曾經想要出去找一份工作，卻被夫家擋了下來——「妳留在家，好好帶小孩。」當女兒說要出國唸書時，最先大罵「妳好自私！」的，是沒能走出自己人生的媽媽。看到這，你可能覺得很困惑：做媽媽的，爲什麼不能祝福女兒呢？這除了是媽媽自己的遺憾，以及對女兒的嫉妒之外，或許，還有更複雜的系統性問題。

一個家，有人做自己，就代表有人需要犧牲。這就像是在玩疊疊樂，有人抽出一塊木條，讓整棟大樓搖搖欲墜，下一個人如果不加把勁穩住，就會是「嘩」地一聲弄倒疊疊樂的罪人。

自私，是一種「施加罪名」的遊戲。沒有人想被定罪，但是這遊戲又需要一個罪人，於是：不做事的人，指責做事的人不夠用心；做事的人，怪罪做自己的人不幫忙。做自己的人，反過來責罵不做事的人，才是眞的應該被譴責的對象。

燙手山芋丟來丟去，這就是系統性問題。

二十至三十五歲這個世代，開始想要更愛自己，不想繼續玩定罪遊戲，於是形成了兩種狀況。第一種狀況，是想盡辦法遠離這場遊戲：如果我玩不過你們、也不想玩、不屑玩——那我不玩總可以了吧！於是，有些人出國念書、選擇單身、或是過年訂張機票出國，藉此遠離親戚耳語……（是的，最近又可以開始這一招了）。這都是：這個家要丟燙手山芋，你們玩，我可不玩！

第二種狀況是，雖然想要活出自己，但還是渴望家人認同。於是花了很大的力氣說服家人：我這麼「愛自己」是對的。既然是對的，你們也都該認同我，承認我是對的。如果家人不認同呢？那就把山芋丟在他們臉上。這就是為什麼每次我在《解鎖：情緒勒索》的課程中，都要和學員一再強調「指責對方『你在情緒勒索！』是沒有用的。」這樣做，美其名是在做自己，實則跳入了你最不屑的定罪遊戲。又要定罪家人，又求家人認同，是以「愛自己」作為反叛手段的人，會有的終極矛盾。

回到一開始，來訪者問我的問題：「我這樣想，是不是很自私？」其實，自私是被定義出來的，是「定罪遊戲」的一部分。其實，無論是自私、做自己、還是愛自己，只有把「認同」的權杖從家人身上拿回來，才能讓「愛自己」演化成「自我認同」。而不是舉著「愛自己」的大旗，卻讓自己一再失望。變成了既反抗權威，又期望對方認同，進而看什麼都不滿意，只好不斷尋找解方，於是抓著工作坊和心理諮商不放，掉入看似成長、實則成癮的輪迴。

我是這樣回答一開始那位來訪者的：「自私很好，因爲妳正在找回自己。但自私之後呢？妳打算怎麼帶著自己，應對妳的娘家、夫家，還有這個世界？」

公主王子的成長法則：伴侶篇

很多年前，我參加了一個伴侶成長課。這堂課鼓勵夫妻共同出席，儘管來上課的兩個人，常常一言不合就吵嘴。教室中最落寞的，還是那些另一半不願意來的同學們。課堂有位女同學，終於在課程第二天把老公叫來。老師問他：「爲什麼來上課？」他只是淡淡地說：「她叫我來，我不能不來。」後來，我們再也沒見過她的老公。

別讓親密交流變成催交作業

許多渴望與另一半親密的朋友，上完心理成長課程後，會積極地跟對方「分享」上課所學，像是：我語言、講自己的需求，或是最近的高點與低點（High & Low），也期待另一半「一起」加入。

可惜的是，另一半的反應，常常不是太好——輕則敷衍配合一下，但兩個人都知道這不太好玩（當然也不親密），重則對方露出「這三小」的嫌惡表情，兩個人反而吵起架來。

當來訪者在諮商中，跟我抱怨另一半的反應時，我常會做這個比喻：親密關係是一種語言，就好像德文、法文或義大利文。能學會一種語言當然很開心，很興奮，也很想跟另一半分享。但不要忘了，對方沒有跟你一起上這堂德文課啊！如果今天你學了德文，回家和另一半分享上課所學，就想要對方和你一起用德文對話，這對兩個人來說，都是很大的壓力。

想和另一半溝通，到底該怎麼辦？

我並不反對你和另一半分享上課所學。但要開口前，請先停一下，回頭想一想：你心中的「期待」是什麼？

是期待和對方分享自己的一天嗎？

還是期待對方也可以來上這堂課？

或是期待對方因爲你的分享而改變？（就好像你聽到老師的分享，覺得很有收穫也有成長）

你當然可以有你的期待。但也要練習接受，對方不一定能夠滿足你的期待。別忘了：親密交流的重點，是「我和你」兩個人之間的連結，而不是你只能聽我的，或是我只能聽你的。

再說一次：親密關係，是一種語言。學語言的重點，不是單字文法是否正確，而是雙方能否用這個語言，進行對話與交流？。

如果親密關係從「我和你」的連結，變成了「我要你」也做點什麼，才代表愛我、重視我，那親密關係就變成了師生關係，甚至親子關係。於是，再美好的戀愛，都會變成「我是爲你好（才要你考台大、考公務員）」的情緒勒索。畢竟，這段關係中只有我，沒有你。

雖然，身爲一位心理師，說這句話很奇怪。但我還是想勸大家——千萬不要還沒有預備好，就衝動地要求另一半去做諮商（特別是伴侶諮商）。這，又是爲什麼呢？

我為什麼反對不分青紅皂白地要男人去諮商（特別是伴侶諮商）？

通常，妳會得到兩種反應。

孤兒男通常不會理妳，除非妳以離婚分手要脅對方就範。然而這麼做，就像是訓導主任記學生曠課——記點越多，越不在乎。媽寶男通常表面順從，實則抽離。或許會跟你討論他對當代心理諮商產業的看法、他個人已經安排了什麼樣的學習、或是錢不夠啊、時間不夠、心理師太老太年輕等等，簡單來說，就是不要。念心理系的男生呢？他可能會跟妳爭辯哪一個老師比較好？或是反問：「那妳自己有沒有做到『同在』啊？」

好啦，不要就是不要。

那怎麼辦呢？

先搞懂自己的男人有沒有「動機」。如果他平時對心理學沒興趣，不常談心情感覺，來諮商就像是用幼幼班的程度，重頭開始學一個新語言。

妳還記得上次發誓每天念英文，最後撐了幾天嗎？有些人會說，來諮商，可以像是做心靈SPA「保養」一下。這想法是沒錯，但如果他就不愛吃素，三餐大魚大肉，就算把他丟去一家最好的素食餐廳，他也只會抱怨「這什麼？肉呢？」「沒有肉爲什麼也可以賣這麼貴？」大概就是「好心被狗吃」的下場。

再來，妳也要搞懂自己這麼做的「動機」。爲什麼突然希望對方去諮商？是搞不懂他在想什麼，想要心理師幫忙判斷？還是看不順眼他的行徑，想要找專業的來公審？也許妳自己看過書、上過課，甚至做過諮商，想跟另一半分享好東西？或者，妳偷偷地期望，心理諮商可以「改造」另一半，就算無法變成霸道總裁，也可以是韓劇歐巴？

心理諮商不是神仙教母的魔法，也不是眞人實境秀。一周來一次諮商，並不會讓人改頭換面，從青蛙變成王子。心理師當然也無法把男人變成妳指定的樣子。畢竟，曾經接觸過心理學的妳，或許也明白這個道理：心理諮商的價值，是在讓一個人成爲自己。

就算是有動機想改變的男人們，來諮商學會了如何親密的「技巧」，他們的「風格」也不見得會讓妳百分之百滿意。雖然很殺風景，但還是要再說一次：**百分之百理想的情人，不存在。**

如果，還是想試著安麗看看？

我的建議是：引發對方的好奇心，永遠比直接推銷來得好。如果約對方吃飯，只是爲了介紹產品、拉下線、要對方去參加藍鑽大會，久而久之妳一開口，對方就有提防。

如果妳眞的想要投入這一塊，就要知道「好奇心」需要耕耘，就像客戶關係需要經營。就算他是妳男友/先生/情人，還是其他什麼關係都好：只要他是另外一個人，你們就有一段需要經營的關係。所以，與其希望一次就能推銷成功，或追求一次就能順利成交，不如在上課、看書或是諮商後，「適度」與對方分享妳的學習。（「適度」兩個字很重要。有些人會把五十分鐘講了什麼，都一五一十地跟伴侶報告，那就不是分享，而是個案研討會了。）

分享之後，請觀察對方的反應。他好奇嗎？他困惑嗎？他認同嗎？他的想法是否因爲你的分享鬆動了一點，還是依然覺得「這就沒用啊」？他是希望妳也不要去諮商，還是妳自己去沒關係，別找他共襄盛舉就好？

否因如果他慢慢對心理學產生了一點興趣，但還沒有想要進入正式的心理諮商，只是想多知道一點，諮商可以怎麼幫助他跟妳的關係，我知道有些心理師（不是全部），跟來訪者會有個不言說的小默契。當諮商談了一段時間，雙方的治療關係穩定後，如果來訪者準備好了，另一半也有來的意願，這時候可以嘗試邀請對方來跟自己的心理師，做一個簡單的諮詢。這當然不能取代正式的心理諮商，但算是能讓另一半漸進地，踏入心理諮商的方式（而不是直接把對方拉去參加大會）。

也許，妳會覺得這樣小心翼翼、顧前顧後很麻煩。但是，請記得一個心理學原則：再好再有養分的東西，只要硬塞到對方嘴裡，都會變成壞東西——到時候，不是吐，就是怨。

郁雯的故事
解答篇

我們是孩子的父母，也是彼此的伴侶

最後，郁雯不是在家裡客廳，不是在主臥室，也不是在伴侶諮商中，跟先生好好談話的。

她們去了一趟花蓮。就夫妻倆，玩兩天，小孩託給了爸媽帶。

郁雯告訴我，她們坐在七星潭，聽著海浪的聲音，一陣又一陣地打上來。雙方突然很有默契地想起：她們念書時，第一次約會就是在這。那次約會，是先生騎機車載她來七星潭的。兩個人就這樣坐在岸邊，聊了一整夜。

那到底是誰跟誰告白的？她跟先生的記憶完全相反，差點要翻出當時的聊天記錄對質！雙方笑鬧了一陣後，郁雯突然鬆了好大一口氣，眼淚就嘩啦地流了下來。

「我本來，沒有打算要哭的……」郁雯說。

「只是，我們到底爲什麼會變成這樣？」

郁雯對先生說起孩子出生後，她彷彿單親媽的孤立無援感。出乎她意料之外的是，先生沒有反駁、沒有滑手機，就只是靜靜地聽她說。郁雯邊說，邊看著先生。想起大學時，這男人就是個溫柔的呆子。總是安靜地聽她訴苦，手腳卻不知道往哪裡擺。

郁雯嘆了口氣，像是有點不服氣的小女孩，張開雙手，對先生說：「你抱我啦！」

先生沒說話，緊緊地抱住了郁雯。郁雯感覺到他粗糙有力的雙手，拍著自己的背。

「這些日子，辛苦妳了。」

「我可以幫妳什麼忙？」

家齊心理師的三個小提醒

1. 我們身處的世代，大家都在找「不存在」的父親，其實是在找一個懂得親密的理想父親。
2. 心理諮商透過「關係語言」，凸顯家庭成員相互溝通的畫面，也發現了父親的難以加入。
3. 新世代的父親是卡在中間的三明治世代，他們被期待給出「他們自己也沒有吃過」的心理親密。這需要一次一次學習，也需要身邊的人給予鼓勵。

Chapter 7

改變之路

我到底該怎麼做，你們才夠滿意？

宜寧是學校老師。這是一份家裡「勉強滿意」的工作。事實上，她永遠不知道自己到底該怎麼做，爸媽才會滿意？

宜寧家有三姊妹，她是家中最小的妹妹。她隱約記得：小時候，爸媽曾經嘆了口氣，對她說：「如果妳是男生就好了……」。那時候宜寧才五歲，不知道該怎麼回應爸媽的失望。於是，她花了人生接下來的二十年，拼命努力地考大學、修教程、當老師……

「也許這樣，就會讓爸媽滿意了吧。」然而，宜寧的願望並未實現。

有一天，宜寧在排新學期的課表時，被其他「老鳥」諸多刁難。他們七嘴八舌，東一句「啊！妳還太年輕」，西一句「這種事情就年輕人來啊」的酸言酸語，一開始，宜寧還忍著不發作。直到一個念頭，閃過她的腦海——「你們到底還想要我怎麼樣！」宜寧突然站起身，把熬夜排好的課表摔在桌上，躲去廁所大哭了一整節課。

現在，宜寧坐在我的諮商室中，怯生生地問了我一個問題：

「我到底該怎麼辦？」

【現實篇】妳真的想改變嗎？改變前，先懂什麼是「重力問題」與「神奇結局」

每一次開始心理諮商之前，我會跟來訪者討論一件事：你今天帶來的問題，有什麼是你可以透過行動去改變的？有什麼是你「希望」它可以神奇地改變的？

舉例來說：有些人懷疑自己的另一半是媽寶男，於是要求對方來做心理諮商。對方答應是答應了，但雙方對於要來諮商做些什麼、談些什麼，其實並不清楚。經過幾次討論後，這位「介紹人」才承認：我希望他可以變成我想要的樣子。

當然，諮商不是黑魔法，並沒有那麼神奇。這時候，我會跟這對伴侶解釋：心理諮商可以幫忙的，是搞懂你們之間的衝突模式，也就是雙方爲什麼吵架？爲什麼喬不攏？這是可以透過覺察、討論與行動，來嘗試改變的「諮商議題」。

但如果你希望另一半會因爲來了諮商，就神奇地變成你的 Mr. Right 或 Ms.

Right，很抱歉，這是做不到的。因爲兩個人的價值觀差異，以及內心在意的點（地雷），屬於「重力問題」。

重力問題，是不講道理的現實

「重力問題」一詞，出自《做自己的生命設計師》一書，指的是「地心引力會讓蘋果往下掉」，或是「用飛的比較快，也比較好玩。但因爲有重力，所以我沒辦法用飛的……」這樣的現實難題。

重力，是既存的現實。改變重力，就需要改變遊戲規則，甚至逆天對抗大局。現實，是嚴厲的定律。因爲現實不講道理、不近人情、也不跟你討價還價。現實，就是在那裡。如同地心引力（重力），不管你喜不喜歡，它就在那裡。這個想法很苦澀、很沉重、甚至會有種「啊，人生不過就這樣」的大叔大嬸味。

於是，討厭面對現實的人們，總是希望別人改變。

神奇結局，是我們渴望的魔法

「神奇結局」這個詞，是十多年前我跟朋友進行教育劇場巡演時，突然想到的。教育劇場是一種互動的戲劇形式，演出團隊針對這一群觀眾會遇到的困難，先行設計一個劇本。

當時在小學巡演，聽老師說有同學告白被拒（！），於是我們設計了一個「因爲告白被拒絕，而選擇拒學」的故事。演出時，這個故事會走到最糟的結局。也就是女主角，小四的佳宜（這名字是不是很耳熟？），因爲跟班草凱傑告白失敗，又被同學嘲笑，於是沒去學校也沒回家，一個人躲了起來。

教育劇場的目標，是賦予觀眾「喊停」，以阻止故事走到最糟結局的權力。觀眾可以上台取代任何一個角色，做出與原劇本不同的選擇、策略與行動，阻止悲劇發生。許多觀眾上台，有孩子也有大人，選擇了「神奇結局」。意思是：他們會選擇扮演嘲笑佳宜的人，然後決定不笑她，或是取代那些因爲無心之過，讓佳宜失去援手而拒絕的人，在那一刻伸出手。

當時看到這些發展，是覺得蠻溫暖的，有種《命運好好玩》的多重宇宙感。不過冷靜下來想了想：命運，其實是重力問題啊。有多少的沈佳宜（是的，我們還是改掉了她的姓！），欺負她的同學沒有住手，她需要的朋友並未伸手？

「神奇結局」透露了我們的渴望：如果時間能夠重來一次，這一切是否都能改變？心理治療中，也充滿了「重力問題」與「神奇結局」，像是：

重力問題：爸媽不愛我，只愛另一個小孩。

神奇結局：考了第一名，就能讓他們愛我。

重力問題：我的人生一片混亂，是爸媽害的。

神奇結局：只要爸媽跟我道歉，人生就好了。

重力問題：我找不到一份有熱情、錢夠多、又可以讓家人同意的工作。

神奇結局：只要我找到我眞正喜歡的事情，工作、薪水與認同就會來。

重力問題：我的男友是個媽寶男，感覺他愛媽媽勝過於愛我。

神奇結局：趕緊放生這個男友，下一個自然會更好。

我在之前的文章提到：對我來說，台灣人的心智狀況，與其說是巨嬰，或許更像是「王子公主症候群」。所謂的王子公主，就是渴望有「魔法」解決重力問題，帶來神奇結局。

魔法，可能是父母給的，可能是自己學的，也可能是一種不好說的存在。父母給的魔法，就如同《灰姑娘》中，辛蒂瑞拉同時擁有了：賦予她全套魔法的好媽媽（神仙教母），以及要她在家打掃的壞媽媽（後母、三姊妹）。辛蒂瑞拉不想做家事，想去舞會，而好媽媽準備了一切，讓她可以開心當個小公主（每次萬聖節的時候，我都看到了很多父母盡責地擔任了現代的「神仙教母」，請容我致上敬意。）

自己學的魔法，有時候是青春期反覆聆聽的那首歌，有時候則是同學看不懂的艱澀小說。如同韓國作家金英夏在《散文三部曲：讀》之中，提到了：「……讀完『該死的冒險小說後』，唐吉珂德顯然發生了變化。他興奮過度，語氣改變，開始像劇中人物一樣行動……書籍也許比我們想像的要更可怕也更未知，它會感染人類，改變行為，破壞理性……人們相信，有些書蘊含著咒術的力量，因此書籍在很多地方被禁止、被燒毀、被指責。」

對熱愛藝術，渴望活在音樂、書籍與其他創作形式的人來說，最挑戰的「重力問題」是：想像力，是一種魔法，但只有想像力、沒有生產力，魔法，就只剩下一張嘴。

第三種魔法，之所以不好說，因爲它總是以「症狀」的形式呈現。佛洛依德從研究「夢」開始，發現「症狀，其實是願望的替代性滿足」。家族治療師之所以在孩子出狀況的時候，邀請全家要一起來做心理治療，是假設了：孩子的「生病」是一種魔法，透過症狀跟家人溝通、跟外人求救。

最後，我想說的是：如果把「重力問題」這個想法，拿來跟總是渴望魔法的「永恆少年」與「灰姑娘」一起對照，會是個強烈的對比。

對永恆少年來說：少年渴望飛翔天際，重力卻要少年落地。於是，萊特兄弟創造了飛機，宮崎駿的作品總是描繪飛行，少年又會選擇如何處理回到地面的「重力問題」？

對灰姑娘來說：成爲公主，等待一位萬能的白馬王子（他最好不受父母牽絆，專心談戀愛就好）前來解救自己的魔法，究竟是天上掉下來的禮物，或是一場空洞的騙局？

面對現實，是痛苦地放掉魔法，開始了解「哪些是我能改變的」，接受「哪些是我改變不了的」，進而在跌跌撞撞中，長大成熟的歷程。

也就是說，要改變，就要先學會觀察。

【觀察篇】看懂人情冷暖，需要把人當人看

有朋友問我：「心理師好像都很會觀察人欸，你們是怎麼做到的？」

我的回答，乍聽有點奇怪：「要學會觀察，就要把人當人看。」

「把人當人看」的意思有兩種。一種是不要把人當神，另一種是不要把人當工具——我稱爲「小狗現象」與「貓咪現象」。

會這樣取名，是因爲網路曾流傳一個梗圖，是主人分別餵飯給小狗與貓咪。對此，小狗的反應是「主人餵我，他是神！」貓咪的反應，則是「主人餵我，我是神。」

小狗現象

不要把別人當神。這是因爲一旦把凡人「神格化」了，男神女神就只能崇拜，

容不下判斷。如同宅男會說「正妹放屁也是香的」，這在心理學稱爲「理想化」，意思是「既然你是好的，你所有的個性、舉動與言論，也都是好的」。

父母是天，老師是神，情人是救世主，主管是父母官，都是一樣的道理。

我們之所以會理想化他人，是依循了一個簡單邏輯：「如果這個人是好的……那麼，在他身邊的我，也必然是好的。」反過來說，當我們發現對方的「好」竟然有破口，像是：父母這片天會乏會老、老師會失言跌下神壇、情人終究有他的自私、主管求的是利益，不是正義，那麼爲了維持「他好，我也好」的感覺，我們會慣性地爲了對方的「不好」找藉口，透過合理化維持這個「好」的感覺。比如，他們這樣做，都是爲了我好。或反過來：是我不夠好不夠努力，他們才對我不好。以上兩句話加在一起，就會形成終極的合理化：「只要我做得夠好，他們就會對我好。」

這種「主人餵我，他是神！」的小狗現象，心理學稱之爲「認知失調」。意思是：當心中想的與現實發生的不同，會產生一種「不一致」的感覺。人類不喜歡不一致，因爲這讓事情變得太複雜了。我們比較喜歡有個簡單答案，可以用來解釋世界上的萬事萬物，於是我們腦袋就自動「合理化」了這不一致，也就是簡化了複雜的人際現象。

爸媽很棒，如果爸媽不棒，那就是因爲我不棒。

情人對我很好，如果情人不好，是有他的苦衷。

只要努力就會被看見，如果沒被看見，就是有小人暗藏其中……

「小狗現象」的問題在於，當你把人性看得太簡單，就會把自己變得太弱小。關於這點，中國心理學家武志紅說得很好：「多數人，沒有簡單活著的福份。」有時候我也會跟來訪者說：「能夠過上簡單的人生，是很美好，但爲了跟身邊重要的人，一起過上幸福單純的日子，你需要學會觀察，觀察人性的複雜。」

跟習慣處在「小狗現象」的來訪者工作時，我會秉持一個原則：「心境可以乾淨，眼光不可天眞」。首先要做的，就是先把別人從「理想化」的神壇請下來。一如我的編劇老師說過：「好人會做壞事，壞人也會做好事。」

只有拿下理想化的面紗，才能看見再好的人，也都有缺點；再壞的人，也都有原因。前者強調的是缺點，因爲好人做壞事，不見得是個性惡劣，而是人性必然有其不圓滿之處。後者強調的，是原因。你要知道人性有它的黑暗面，不要天真無邪又傻傻被騙。但懂了壞人這麼做的原因，不代表要認同對方的手段，以牙還牙地向他們復仇。畢竟，處於復仇姿態的人，終無安寧的一天。如果你希望過上簡單的人生，復仇之路就不是個好選擇。畢竟，敵人會帶來更多的復仇，復仇會帶來更多的敵人。

處於「小狗現象」的你，需要的是看懂「他爲什麼這樣做？」然後想辦法預測、避開或應對，這樣就夠了。因爲「心境可以乾淨，眼光不可天眞」，這個原則是要你看懂人性賽局的複雜，但不用變得跟他們一樣複雜。

在信任的人面前，你依然可以是一隻可愛的柴犬。只要有人伸手越界時，你能像狼狗一樣露出尖牙……這樣就夠了。

貓咪現象

不要把人當工具，因爲：人跟人之間，沒有什麼是「應該」的。

許多養貓的人，都開玩笑說自己是貓奴。主子說來就來，一腳踏過你的鍵盤，卻也說走就走，怎麼叫都喚不回。不過就算是孤高的貓咪，聽到了罐罐的聲音，還是會討好地喵喵幾聲，讓奴婢、奴隸心甘情願地繼續服侍主子。

我不反對人跟人有這樣的關係。只是，貓咪都會撒嬌，會看臉色，會在適當時刻喵喵叫了，你眞的有當貓的能力嗎？

有些人習慣把父母當ＡＴＭ，把男孩當 Uber Eat ，把女孩當掃地機器人。他們的手法有兩種，一種是適時的撒嬌，一種是發公主／少爺脾氣。前者看的是臉色，知道怎麼說、怎麼做，可以讓對方**心甘情願**地軟化；後者沒在管別人，習慣透過壓低對方，來抬高自己的價值。

公主／少爺脾氣的人，如果不是手段高強，讓身邊的人苦不堪言，又敢怒不敢言，就是個性固執，容易落得「受害者情結」的下場，在宮鬥大戲曲終人散之際，幽幽地怨歎：「爲什麼大家都要這樣對我？」

老實說，我不反對「撒嬌」，我甚至會要求「小狗們」學一點貓咪的撒嬌，不要遇到什麼事都更直率、都忠誠、都沒心眼。有時候軟一點、黏一點，不只協助小狗們多點彈性應對人生，也會替兩人的親密關係增溫。

然而，當撒嬌變成了壞脾氣，可就沒那麼有情趣了。受害者情結的難，在於當事人確實很受苦。但要擺脫受害者情結的迴圈，就要看見「冤有頭，債有主」，不是所有事情都是別人對不起你。你的壞脾氣、壞習慣，也在這場宮鬥大戲中，扮演了重要的角色。

這一段話看過去，好像很簡單。但要看見、要承認、最後還要願意改……其實會需要足夠的勇氣，來面對自己的不足之處。再說一次：就連孤高的貓咪，都會找適當時機喵喵叫了，更何況我們人類呢？

「主人餵我，我是神」的貓咪現象，之所以能夠成立，在於背後有一個「付出」的人。當我這樣說的時候，不代表「貓咪們」就一定要同等地回報對方。確實（小狗們也聽好了！）**人跟人之間「可以」是不公平的，但「不可以」是理所當然的**。

把人當工具的問題在於：人終究不是工具。人不會像你家的菜刀、碗盤或是電視，默默地等在那邊，需要的時候就拿起來切菜、裝水果或是放一整晚娛樂自己，不需要的時候，就丟在一旁長灰塵。

人跟工具最大的差異在於：當他們付出了，必然就有期待。ＡＴＭ的父母，也許希望你開心滿足（或是免於壞爸媽的罪名）；Uber Eat 的男孩，可能希望你邀他上樓；掃地機器人的女孩，或許渴望你的認同。

看懂「世界上沒有一種好，是無怨無悔地付出」，是貓咪們重要的功課。這樣說，是因爲有太多的公主與少爺，是在家道中落、鳥飛人散時，才嘗到現實的無情與淒涼。雖說滄桑也是一種成長，能不落到這步田地才改變，還是比較好的。

要學觀察力，就要「把人當人看」。把人當人看，是爲了看見人的好，人的壞，以及無可避免的灰色地帶。如此一來，不管你是小狗，還是小貓，才能帶著一雙複雜的眼睛，過上單純的人生。

不過，當我們有了觀察力，也就會感受到一種世事滄桑。

【練習篇】成年，不代表成熟：為何拼命努力的孩子，沒能長成大人？

就因爲你成年了，不代表你已成熟。

網路戲稱「華人父母的三大謊言」是：紅包錢我幫你存起來、長大再談戀愛才會遇到好對象、等你上大學我就不管你了。

父母會說：「上大學或是成年了，你成年我就不要求你這麼多」，於是許多孩子高中時瘋狂努力，就是想要把志願塡去離家遠遠的地方。然而，當我們以「成年人」的身分，生活在大學、甚至唸到研究所時，這才發現：我們其實還沒有長大成熟。

一個現象是：擔心自己還不夠成熟，我們會把面對現實的期限一而再、再而三地往後推。大學還不知道自己要做什麼？那念個研究所好了。研究所不知道畢業可以幹麼？那再補個習、考個試好了。考完不確定是不是自己要的，那就……

直到三十歲大關逼近，青年突然不再「青翠」，開始熟掉、黃掉了，這才發現，最大的謊言，不是「上大學我就不管你了」，而是：「只要上了大學，一切的問題就會迎刃而解……」「我就會長大成熟」。

成熟的熟，是熟練技巧的熟

成熟大人的「熟」，是熟練現實的「熟」。因此，就算到了熟男熟女的年紀，只要處理事情的技巧生疏，仍然不算成熟。更糟的狀況，則是「未熟先爛」。

記得以前家裡買釋迦回來。當小孩的，總是急著想吃。但是不熟的釋迦不夠甜，於是家人會拿報紙把它包起來，藉此催熟。不過如果包得太久，報紙都不拿掉，這熟就要變成「爛」了。

太熟，爲何會變爛？我曾經遇到過一些三十多歲的來訪者，突然感覺到人生卡關了。他們在十幾歲的時候，是相當意氣風發的。他們掌握了補習班與家教的祕笈，加上瘋狂努力的念書，拼上了永遠的第一名。就像是用報紙包著的釋迦，很快就透漏了芬芳果香。

然而，升上了大學以後，他們並沒有把裹在身上的報紙拿下來。甚至，有些永遠在擔心自己跟不上的人，還會加入第二層、第三層報紙。他們，希望自己能熟得更快。卻沒發現：熟得太快，就會變爛。

熟練技巧的「熟」，是一次又一次從現場學習的熟

有些人到了大學、出了社會後，會有一種「被欺騙」的感覺。他們抱怨人生真不公平，再怎麼努力，都沒有用。其實，不是努力沒有用，而是因爲：補習班式的悶頭努力，無法讓人學會對「現場」的觀察力。即使到了成人的身心靈課程中，還是可以看到許多學員渴望「完美的解題策略」。有些講師也抓準這點，承諾提供「必中」的絕招。

其實，成年卻不成熟，是因爲不願看清現實，也就是「現場正在發生的事」。畢竟擁有萬用的大絕招，或是萬能的照顧者，的確感覺比較爽，但，報紙遲遲不拿掉，裡頭的東西有一天就會爛掉。

完整的人，需要負起責任

我在第六章「一個來自器官世代的鬼故事：『金孫』和他的姊妹們是如何長大的？」這篇文章中，提到了「器官世代」的概念。「器官世代」的意思是：華人大家族有個傾向，是把每個人的身體當成工具。比如：勤快的媳婦是「手腳」，養在家裡的小孩出一張「嘴巴」等。

當代有越來越多人接觸心理學、自我成長與靈性課程，想要突破傳統文化帶來的限制，卻還是把自己活成了某個「器官」，而不是一個完整的人。比如：許多來做諮商的人，一方面伸手跟爸媽要錢，另一方面則是抱怨爸媽給的，都不是他要的。

當然，適當地處理親子間的恩怨債，是可以幫忙雙方關係變好。但如果一直抓著「恩怨」不放，又跟父母拿好處，又瞧不起父母，其實是不把父母當人看，也不把自己當人看的一件事。

父母與小孩的「心理界限」應該是雙向的，而不是雙重標準。要當一個完整的人，就需要負起責任。負起責任的意思是：不是只有你是人，你的爸媽也是人。爸媽靠得太近、管得太多，當然可以有界限，讓自己退後一點，但就不可以同時伸手要錢，甚至揚言「這是你們欠我的」。

從王子公主到「成熟大人」，最重要的差異就是：**把自己當人看，也把對方當人看。**

心境可以乾淨，眼光不可天真

宜寧，顯然符合前文所述的「小狗現象」。她爲了讓父母滿意，很努力地當大人，卻是以小孩的心情，當「想像中父母會滿意」的大人。

然而，我在諮商中進一步跟宜寧探索她的原生家庭後才發現：她的父母之所以這麼對於生女兒感到失望，又這麼渴望有一個兒子，不是因爲他們不想要女兒，而是父母的「父母們」（阿公阿嬤、外公外婆），不斷地向宜寧的父母施壓：有兒子，才能傳宗接代。

當宜寧看到了這點，她才恍然大悟：「原來我爸媽，也有父母。」這句話乍看也許很像廢話，卻是包括宜寧在內的許多孩子，面對來自父母的期待、失望時，總是會忘掉的事實。

爸媽，也是他們爸媽的小孩。因此，爸媽不是天、不是神，也只是個人。

在諮商的陪伴下，宜寧開始一次又一次地練習，如何應對學校那些「老鳥」。雖然聽她們八卦來八卦去，還是很刺耳，但宜寧慢慢找到「何時要敷衍，何時要演戲」的相處節奏。更重要的是：宜寧知道這些人是她的前輩、她的同事，不是她的父母。她不需要拼命努力，只爲了讓這些人滿意。

宜寧依然有一顆喜歡與學生、與朋友相處的眞心。即使學會了一些應對權威的手段，不代表她就要變成雙面人。面對挑戰時，宜寧總是這樣提醒自己——「心境可以乾淨，眼光不可天眞」。

家齊心理師的三個小提醒

1. 愛自己，是需要練習的。要愛自己，就要培養觀察力。
2. 有了觀察力，妳才會知道什麼可以改變？什麼不行？
3. 從王子公主到成熟大人，是一趟練習把自己，也把別人當人看的旅程。

結語

找回失落的一角

「他缺了一角，他很不快樂。他動身去找失落的一角。」

「……有一回，他好像找了合適的一角，但是他沒有抓牢，又掉了。另外一次，他抓得太緊，弄碎了。」

「他繼續上路。」

——謝爾．希爾弗斯坦（Shel Silverstein），《失落的一角》（The Missing Piece）

爲了寫出這本書，我準備了將近三十年。

三十年前的我，身爲一個一百公尺要跑二十秒的男生，很早就明白了一件事：「我是追不到女生的。」當班上最可愛的那個女生，爲籃球場上奔跑的男生尖叫——我只能坐在加油區，偷偷地看著她，期待她對我微笑……

到了大學，我開始迷上打壘球。意外地打得不錯，整個人也瘦了下來。有一天在球場，我發現自己成了場邊女生口中「那個球打得很好的帥學長」，而我心情複雜地發現——我的階級流動了。很多年後，我坐在諮商室裡，面對著：和當時的我，一樣感到糾葛的男人們。

在寫這本書的過程中，有人問我：「爲什麼要寫『媽寶男心理學』這個主題呢？」

原本，我以爲是我的工作使然。畢竟，剛開始投入心理治療工作時，最常相遇的來訪者，談的都是「愛情選擇題」。她們會問我的是：「媽寶男爲什麼會這樣？」「這樣的男人是不是好對象？」「他能不能夠變成好對象？」

只是，當我們一路往下探索，開始困惑：「爲什麼我總是會遇到這種男人？」「爲什麼我知道他不好，但我就是放不下？」選擇題談著談著，總是談成了「原生家庭」的申論題。

有一天，我才發現：原來我們這個世代的男人與女人，都缺少了父親。

在這裡，我要向你坦承的是，我耍了個小詐——雖然這是一本名爲《媽寶心理學》的戀愛指南，其實我更想告訴你的是，我們正身處一個缺乏父親的世代。事實上，「媽寶男」只是一個現象，反映了我們這一個世代，因爲都在尋找失落的父親，於是和刺蝟般的母親，或是豬籠草的另一半，緊緊糾葛在一起。

在溝通分析心理學，有一個說法是：「人生來就是王子公主，卻被腳本變成了青蛙。」這裡所說的「腳本」，正是我們這本書反覆提到的「角色配對」，像是：暖男＋憂鬱母親，大女人＋乖兒子，或是華人家庭的三種父親（皇帝、少爺與書生）。

長大成熟，除了是從「青蛙變回王子公主」，找回自己的「眞我」。如果你的人生志向不只如此，除了成爲自己，也想要成立自己的「家」。那麼，我會說：長大成熟，是從老家的王子公主，成爲小家的國王與皇后。

在本書的一開始，我們說過：家，是一個三角形。三點連線，形成一個面。於是這個面可以接住所有人，既有連結，又有適當的界限。現在，你可能懂了：沒能在老家完成的那個面，可以在你們的小家完成它。

三點連線，形成一個面。能夠撐住這個三角形的，不是任何一個理想型，而是你自己。失落的那一角，需要自己補上。因爲：你如何對待自己，別人就會怎麼對你。當你撐住了自己，補上了失落的一角，你就會和你自己，形成一條紮實的線。

這樣的你，無論動身找到了哪一角，都可以相互陪伴，走過人生的旅程。因爲，你們既是老家的王子公主，也是小家的國王皇后。

最後，我還是想談一談，角落的那個男人。

二〇一七年，我參與了一個小丑工作坊。經歷爲期五天的訓練之後，我們會戴著紅鼻子，來到桃園大溪老街，用我們的內在小丑與路人相遇（當然，他們事前並不知情）。在工作坊時，我的訓練師，來自西西里島的Alessio Di Modica一次又一次地提醒我們：「永遠不要忽略那個躲在陰暗的角落，覺得自己不值得被看見的小孩。」

那會是誰呢？我在整個工作坊中，不斷想著這個問題。

當我們上街的時候，小孩總是先被小丑吸引（也有人怕得不敢靠近），媽媽也會陪著小孩，過來與小丑互動。於是，許多小丑跟小孩開心玩耍，媽媽則在一旁拿手機拍照。

這時候，我突然發現了——在她們身後，那駝著背，坐在一旁默默滑手機的爸爸們。

我覺得我好像聽懂了，我的老師到底在說什麼。於是我在這趟遊行中，總是先去找到他們。因爲有那麼一刻，身爲小丑的我碰了碰他，他會抬起頭，我們會互看……

然後，我會看見他眼中的那個七歲男孩。

我們這一個世代的孩子，一直在尋找不存在的父親。這些父親的內心世界裡，或許也住著一個小男孩……

等著被找到。

國家圖書館出版品預行編目資料

媽寶心理學：辨識、理解、馴服或放生？／王家齊著.
-- 初版. -- 臺北市：原水文化出版：英屬蓋曼群島商家庭傳媒股份有限公司城邦分公司發行, 2023.11
面；　公分

ISBN 978-626-7268-57-5（平裝）

1.CST: 兩性關係 2.CST: 成人心理學

544.7　　112013639

媽寶心理學：辨識、理解、馴服或放生？

作　　者／王家齊
選　　書／林小鈴
主　　編／潘玉女

行銷經理／王維君
業務經理／羅越華
總 編 輯／林小鈴
發 行 人／何飛鵬
出　　版／原水文化
台北市民生東路二段141號8樓
電話：02-25007008　傳真：02-25027676
E-mail：H2O@cite.com.tw　部落格：http://citeh2o.pixnet.net
發　　行／英屬蓋曼群島商家庭傳媒股份有限公司城邦分公司
台北市中山區民生東路二段 141 號 11 樓
書虫客服服務專線：02-25007718・02-25007719
24 小時傳真服務：02-25001990・02-25001991
服務時間：週一至週五09:30-12:00・13:30-17:00
讀者服務信箱 email：service@readingclub.com.tw
郵撥帳號／19863813　戶名：書虫股份有限公司
香港發行所／城邦（香港）出版集團有限公司
地址：香港灣仔駱克道 193 號東超商業中心 1 樓
電話：(852)25086231　傳真：(852) 25789337
電郵：hkcite@biznetvigator.com
馬新發行所／城邦（馬新）出版集團
41, Jalan Radin Anum, Bandar Baru Sri Petaling,
57000 Kuala Lumpur, Malaysia.
電話：(603) 90578822　傳真：(603) 90576622
電郵：cite@cite.com.my

美術設計／李京蓉
封面繪圖／柯天惠
封面攝影／Studio X 賢勤藝製有限公司 梁忠賢
內頁排版／游淑萍
製版印刷／卡樂彩色製版印刷有限公司
初　　版／2023年11月2日
定　　價／400元

城邦讀書花園
www.cite.com.tw

ISBN　978-626-7268-57-5